中国と習近平に未来はあるか

反日デモの謎を解く

大川隆法
RYUHO
OKAWA

まえがき

前回の『世界皇帝をめざす男』（二〇一〇年十月二十一日収録）に比べて、習近平氏の自信と策士ぶりがいかんなく発揮されているのが本書であろう。恐るべき男である。日本の政治家、官僚、マスコミ、自衛隊、知識人にも是非とも予《あらかじ》め読んでおいてほしい一書である。

最近の反日デモの激しさは、「政府の想定の範囲を超えている」（野田現首相）とのことであるが、本書を精読して、次に来る衝撃に備えたほうがよいだろう。日本が実効支配している尖閣問題のために、中国国内百カ所以上で威嚇《いかく》、焼き討《う》ち反日デモをやり、千艘《そう》もの抗議漁船を仕かけ、同時にアラブ二十カ国以上での反米デモを、裏から糸を引く男である。親中派や、反日的日本人は、次の中国・国家主席の本当の姿を早く知るべきだ。新しい「元寇《げんこう》」に備えたほうがよい。

二〇一二年　九月二十日

幸福《こうふく》の科学《かがく》グループ創始者兼総裁《そうししゃけんそうさい》　大川隆法《おおかわりゅうほう》

中国と習近平に未来はあるか　目次

中国と習近平《しゅうきんぺい》に未来はあるか

―反日デモの謎《なぞ》を解く―

二〇一二年九月十八日　習近平守護霊《しゅごれい》の霊示《れいじ》
東京都・幸福の科学総合本部にて

「霊言現象《れいげん》」とは、あの世の霊存在の言葉を語り下ろす現象のことをいう。これは高度な悟《さと》りを開いた者に特有のものであり、「霊媒現象《れいばい》」（トランス状態になって意識を失い、霊が一方的にしゃべる現象）とは異なる。外国人霊の霊言の場合には、霊言現象を行う者の言語中枢《ちゅうすう》から、必要な言葉を選び出し、日本語で語ることも可能である。

また、人間の魂《たましい》は原則として六人のグループからなり、あの世に残っている「魂の兄弟」の一人が守護霊《しゅごれい》を務めている。つまり、守護霊は、実は自分自身の魂の一部である。したがって、「守護霊の霊言」とは、いわば本人の潜在《せんざい》意識にアクセスしたものであり、その内容は、その人が潜在意識で考えていること（本心）と考えてよい。

なお、「霊言」は、あくまでも霊人の意見であり、幸福の科学グループとしての見解と矛盾《むじゅん》する内容を含《ふく》む場合がある点、付記しておきたい。

中国と習《しゅう》近《きん》平《ぺい》に未来はあるか

―反日デモの謎《なぞ》を解く―

二〇一二年九月十八日　習近平守《しゅ》護《ご》霊《れい》の霊《れい》示《じ》
東京都・幸福の科学総合本部にて

習近平《しゅうきんぺい》（一九五三〜）

中華《ちゅうか》人民共和国の政治家。いわゆる太子党《たいしとう》（党高級幹部の子弟《してい》グループ）の一人。二〇〇八年の全国人民代表大会で国家副主席に、二〇一〇年十月の中央委員会総会で党中央軍事委員会副主席に選出され、これにより、胡錦濤《こきんとう》国家主席の後継者《こうけいしゃ》となることが、事実上、確定した。なお、二〇一〇年十月二十一日に収録された、彼の守護霊《しゅごれい》の霊言《れいげん》によって、彼の過去世《かこぜ》はモンゴル帝《てい》国《こく》の初代皇帝チンギス・ハンであることが判明している（『世界皇帝をめざす男』〔幸福実現党刊〕参照）。

質問者　酒井太守《さかいたいしゅ》（幸福の科学宗務《しゅうむ》本部担当理事長特別補佐《ほさ》）
立木秀学《ついきしゅうがく》（幸福実現党党首）
綾織次郎《あやおりじろう》（幸福の科学理事兼《けん》「ザ・リバティ」編集長）

［質問順。役職は収録時点のもの］

1　習近平守護《しゅご》霊《れい》に「中国の対日戦略」を訊《き》く

反日デモや尖閣《せんかく》への漁船出航で、日本人の恐怖心《きょうふしん》を煽《あお》る中国

大川隆法　時事問題に関する霊言《れいげん》の収録が終わらずに続いていますが、ＤＶＤや単行本では収録のペースに追いつかない状況《じょうきょう》です。新聞やテレビぐらいの速度がないと、もはや情報提供が間に合わない状態になっています。

唯一《ゆいいつ》、映画「ファイナル・ジャッジメント」（製作総指揮・大川隆法、二〇一二年六月公開）が先制攻撃《こうげき》的に早めに出たぐらいであり、いろいろなものが後追いになるので、多少、残念ではあります。

今日は、テーマの候補が幾《いく》つかあって、迷いはあったのですが、中国の次期国家主席、習近平氏の守護霊《しゅごれい》の霊言を収録することにしました。

日本が尖閣《せんかく》諸島の国有化を決めたことがきっかけでしょうが、ここ一週間以上、中国では大規模な反日デモが行われています。

日本の在中国大使の車から日の丸の旗が奪《うば》われたことあたりから始まって、中国の日本商店が襲《おそ》われたりしていたのですが、ついに千人単位の大規模なデモが中国各地で起き、それは百カ所を超《こ》えているとも言われています。

大使館や総領事館だけではなく、パナソニックやホンダ、その他の工場等も焼き討《う》ちに遭《あ》い、文字どおり炎上《えんじょう》したりしているような状況ですし、百貨店等も荒《あ》らされて、そうとうの被害《ひがい》が出ているようです。

日本車を壊《こわ》されたくない人は、「尖閣は中国領」と書いたステッカーを車に貼《は》っているそうですし、日本人であると知られると襲われる可能性があるので、日本語を口にできないような状況も生じているようです。

ただ、よくあることですが、そういう行為《こうい》に関する報道が中国国内ではなされておらず、市庁舎あたりまで狙《ねら》われて、ようやく、「犯罪的行為はやめよう」という呼びかけが出たぐらいです。

そして、昨日（九月十八日）から今日にかけてのニュースでは、「中国南部の浙《せっ》江《こう》省や福建《ふっけん》省あたりの港から、千隻《せき》ほどの漁船が尖閣諸島を目指して出港する」ということを報じていました。おそらく、そのうちの何十隻か何百隻かは日本の領海内に入ってくるのではないかと思われます（収録当時）。

石垣島《いしがきじま》には海上保安庁の船が数隻しかありませんし、船をかき集めても、数十隻しかないはずです。自衛隊がバックアップできるかどうか、分かりません。

ただ、坂本龍馬《さかもとりょうま》は、先日の霊言で、「何百隻も来るだろう。そのときに、二、三隻で出ていっても、しょうがないよ」と言っていました（注。九月八日収録の霊言の時点で、坂本龍馬は、「『（尖閣が）何百隻もの艦艇《かんてい》に囲まれ、全部、占領《せんりょう》されました』となったら、どうする？」と警告していた。『坂本龍馬　天下を斬《き》る！』〔幸福実現党刊〕参照）。

本当に、数多くの船で取り囲むようにして、威圧《いあつ》してくる可能性はあります。

反日デモもそうであり、明らかに脅迫《きょうはく》している感じでした。

今回、日系企業《きぎょう》が焼き討ちされたりしたわけですが、日系企業といっても、中国で建てられ、中国人のものになっていた建物もありますし、被害に対する保険金は、中国の保険会社が出さなくてはいけないので、本当は中国の損になるのですが、それでも、「日本人の恐怖心《きょうふしん》を煽《あお》りたい」という意図が明らかに感じられます。

また、日本の海上保安庁には船がそれほど多くないので、千隻以上の漁船団に来られ、グルッと取り巻かれたら、恐怖心が煽られるでしょう。さらに、いずれ、向こうは、警備船、いわゆる軍船を出してくるでしょう。

したがって、「恐怖心を煽るかたちで威圧してきている」という印象を全体的に受けるのです。

今回の反日デモ等の組織性と機動性には「モンゴル帝国《ていこく》」と似たものを感じる

大川隆法　今回はアメリカの中華街《ちゅうかがい》でも四千人規模のデモが起きているので、私は一種の組織性を感じています。誰《だれ》かが裏で糸を引いているのではないかと思います。千隻もの漁船が出航した浙江省や福建省は、実は、習近平氏が中央で出世する前にいた地域でもあります。

日本のマスコミのうち、左翼《さよく》系のテレビ局は、反日デモを報道するに当たって、反日をあまり強く言いすぎないようにし、「中国の人々は本当は貧富の差などで政府を批判したいのだが、それが反日のかたちで出ている。反日であれば『愛国無罪』なので、そうしているのだ」というようなことを言っています。

これは、半分は当たっていますが、半分は、中国がそういう野蛮《やばん》な国であることに、そのテレビ局が戸惑《とまど》っているのだと思います。

尖閣諸島に向かった漁船は、いろいろな〝旗指物《はたさしもの》〟を掲《かか》げていましたが、なかには、「倭寇《わこう》」という字が書かれたものもあります。かつて日本の海賊《かいぞく》船が中国沿岸を荒らしていたときの、あの「倭寇」です。

「数百年前のことを、よく覚えているな」と思いましたが、そのことを覚えているのであれば、八百年ほど前の「元寇《げんこう》」も覚えているだろうと思うのです。

あのときの元《げん》の軍は主として高麗《こうらい》（朝鮮《ちょうせん》）軍でした。朝鮮系が八割ぐらいで、海が苦手な元の兵は二割ぐらいしかいなかったと思います。元は高麗に朝鮮半島で船をつくらせ、対馬《つしま》や北九州を攻《せ》めました。一回目は数万、二回目は十数万の大軍勢だったと思いますが、台風が起き、また、九州武士が頑張《がんば》ったこともあって、元は撃退されたことになっています。

元寇の際、対馬では、ほとんど皆殺《みなごろ》し状態になりました。女性たちは、乾燥《かんそう》したサケのような感じで、手の甲《こう》に穴を開《あ》けられ、そこに荒縄《あらなわ》を通されて、船の横、船側《せんそく》にぶら下げられ、朝鮮半島に連れていかれました。いわゆる強制拉致《きょうせいらち》であり、〝従軍慰安婦《じゅうぐんいあんふ》〟にされたと思われる状況です。そういうことがありました。

それは、チンギス・ハン（ジンギスカン）ではなく、その孫のフビライ・ハンの時期のことですが、全体の雰囲気《ふんいき》を感じ取らなくてはいけないと思っています。

チンギス・ハンが一代にして版図《はんと》を広げられた理由は、幾つかの発明があったからだと思われます。

一つ目は、すごく足の速い馬を使うことによって、軍隊を速く移動できたことです。当時としては、それ以上に速い速度のものはなかったのです。

二つ目は乾燥肉です。干《ほ》し肉を叩《たた》いてフワフワにするのですが、いわゆるビーフジャーキーのようなものではなく、もっと細い、蜘蛛《くも》の巣のような感じの乾燥干し肉です。それに水をかければ、膨《ふく》らんで大きくなります。当時、そういう携帯《けいたい》食料ができたのです。これによって、長距離《ちょうきょり》の移動をしても、食料が補給できるようになりました。これが大きかったようです。

それから、三つ目はパオ、すなわち、移動式のテントです。これを携帯していけば、どこにでも陣地《じんち》をつくることができました。

中国周辺に起きた国で、ヨーロッパまで攻め込《こ》んだのは、このチンギス・ハンが初代皇帝となったモンゴル帝国《ていこく》が、最初で最後かと思います。

このあとにも大きな国はあるのですが、ヨーロッパまでは行けていません。今回、千人、二千人、四千人、五千人という単位のデモが、中国各地の百カ所ぐらいで、一週間以上、ずっと起きています。また、千隻もの漁船が〝旗指物〟をたくさん付けて出てきました。こういう組織性と機動性を見ると、当時のモンゴル帝国と似たものを感じないわけではありません。

習近平氏が現実に権力を持つ段階になってきた

大川隆法　反日活動が行われている十日《とおか》余りの間《あいだ》、習近平氏は姿を隠《かく》していました。「怪我《けが》をした」「病気をしている」などという噂《うわさ》も流れましたが、消息《しょうそく》が全然分からず、「暗殺された」という線もあったのです。

しかし、最近、学校の視察に出てきましたし、まもなくアメリカの国防長官とも会う予定なので、仕事ができる状態ではあるようです。

反日活動が活発に行われているときに、彼が姿を隠したことには、何か意味があるような気がしてなりません。

いずれにしても、彼は、毒殺されてはいなかったので、中国の次期主席就任に向け、十月の党大会で総書記に選ばれるであろうと推定されます。

彼については、以前、一回、守護霊を呼んで調べてはいますが、それは、もう二年も前のことになります（『世界皇帝をめざす男』参照）。まだ、「次期国家主席に、ほぼ決まった」というあたりでの調査だったのですが、いよいよ、「現実に権力を持つ」という段階になってきたので、もう、彼の意向は、そうとう働き始めているのではないかと思います。

そして、「現政権とは正反対の、強気の政策をとるぞ」と威嚇《いかく》しているように感じられるところもあります。

今日は、このあたりを聞き出してみたいと思います。

（質問者たちに）三名とも頑張ってください。

次期首相への就任が有力視される李克強《りこくきょう》氏と比べると、習近平氏には、意外に、けっこう隙《すき》はあるので、大胆《だいたん》に話す傾向《けいこう》はあるような気がします。本音で言う場合もあるでしょうが、本音で言っても平気というか、「やれるものなら、やってみろ」というような感じで、挑発《ちょうはつ》してくるところもあります。

したがって、質問にもよるでしょうが、うまく本音を引き出せば、中国の戦略や、「日中関係を、どのように持っていこうとしているのか」ということが読める可能性もあります。

そのへんの情報を引き出すことができれば、日本の次の政権の中心が、自民党であろうが、民主党であろうが、どこになろうと、日本の国家戦略において、何らかの考え方ができるのではないかと思います。

とりあえず、私たち（幸福の科学と幸福実現党）の現時点での戦力から見ると、オピニオンで、いち早く方向性を示すことが大事ではないかと考えています。

中国次期国家主席・習近平氏の守護霊を招霊《しょうれい》する

大川隆法　そういうことを前置きにしまして、習近平氏の守護霊をお呼びします。ご病気だったかどうか、分かりませんし、本当のことを言ってくださるか、嘘《うそ》をつかれるか、分かりませんが、呼んでみたいと思います。

（合掌《がっしょう》し、瞑目《めいもく》する）

それでは、次期中国国家主席に内定しております、習近平副主席の守護霊を、お呼び申し上げたいと思います。

中国次期国家主席、習近平氏よ。

どうか、幸福の科学総合本部に、あなたの守護霊をお回しくださり、あなたのご本心を、われらに明かしてください。

今、日中関係では、領土問題を絡《から》めて、非常に不穏《ふおん》な気運が高まっております。いったい、どのような意図を、背景に持っておられるのでしょうか。どのようなところに、落としどころを考えておられるのでしょうか。それは、今後の中国の対日戦略を予告するようなものなのでしょうか。また、日本の国民に対して、あなた自身の口から言いたいことがあれば、言ってくださって結構であると思います。

習近平氏の守護霊を招霊《しょうれい》いたします。

習近平氏の守護霊よ。

習近平氏の守護霊よ。

幸福の科学総合本部にお出《で》ましいただきたく、お呼び申し上げます。

習近平氏の守護霊よ。

習近平氏の守護霊よ。

幸福の科学総合本部にお呼びいたします。

どうか、お出《い》でください。

（約十五秒間の沈黙《ちんもく》）

習近平守護霊　エエンッ（咳払《せきばら》いをする）。

酒井　おはようございます。

習近平守護霊　まあ、コチョコチョと小さいことで、君ら、騒《さわ》ぐんじゃないよ。

酒井　そうですか。

習近平守護霊　漁船ぐらいで、何だって言うんだ？

酒井　はい。

習近平守護霊　軍艦《ぐんかん》じゃないんだからさ。軍艦千隻だったら、それは大変だろうが、たかが漁船じゃねえか。なあ。

酒井　そうですね。

習近平守護霊　魚を獲《と》りに行くだけだろ?

酒井　そうですか。

習近平守護霊　何を騒いでるんだ。

酒井　ちょっと荒れた海なので、心配はしているんですがね。

習近平守護霊　いやあ、大丈夫《だいじょうぶ》だよ。うん。

酒井　大丈夫ですか。

習近平守護霊　うーん。

2　中国国内の「反日デモ」の真相

ヒラリー国務長官に会うのが嫌《いや》で、体調が悪くなったのか

酒井　ところで、私は、二年前、習近平次期総書記（守護霊）に質問をさせていただきました。

習近平守護霊　あ、〝カエル〟（注。前回の質問者のこと。『世界皇帝《こうてい》をめざす男』参照）がおらんな。この前、〝カエル〟がおったんじゃないか。

酒井　ええ。彼は、今、ちょっと別の仕事に出掛《でか》けております。

習近平守護霊　ああ、そうか。うん。

酒井　習近平氏は、つい最近、行方《ゆくえ》不明になられて、「毒殺された」とか、「背中を怪我《けが》した」とか、「肝臓《かんぞう》を手術した」とか、さまざまな噂《うわさ》が飛び交《か》っておりまして、私《わたくし》としましても、非常に心配というか……。

習近平守護霊　ああ、心配してくれた？

酒井　ええ。心配しておりました。

習近平守護霊　ほおお。それはありがたい。

酒井　今、お元気で出て来られていますので、非常にホッとはしております。

習近平守護霊　うーん。

酒井　現実は、どのような状況《じょうきょう》だったのでしょうか。

習近平守護霊　うーん、あのヒラリーの婆《ばあ》さんなあ。

酒井　はい。

習近平守護霊　なんか、会う前に、何だか気分が悪うなってなあ。

酒井　ああ。

習近平守護霊　あれ、うるせえだろう。

酒井　はあ……。

習近平守護霊　まくし立ててくるからさあ。あの婆さんと会いたくねえから、そらあ、体調も急に悪くなることもあるわな。

酒井　なるほど。「学校へ行きたくない」とか、そのような感じですか。

習近平守護霊　うーん。もっと若い女性でもいいよねえ。それはもう、「送って来い」っちゅうんだよなあ。

酒井　「若い女性だったら会った」ということですか。

習近平守護霊　え？　あの婆さん、口が立つだろう？　追い込《こ》んできて、返事をさせようとするからさ。あれは嫌《いや》なんだよ。

酒井　なるほど。

姿を隠《かく》して瞑想《めいそう》し、〝所信表明演説〟の原稿《げんこう》を書いていた？

酒井　二週間近く姿を隠《かく》されていましたが、その間、何をされていたのでしょうか。

習近平守護霊　それはねえ、君らと同じだよ。やっぱり瞑想《めいそう》は大事だな。

酒井　瞑想ですか。

習近平守護霊　うーん。やっぱり、国家戦略を練《ね》らないといかんからな。十月以降、（次期主席に）選ばれると、いろんな演説の機会が多くなるからさ。

そうした国家戦略を練ってだねえ、何と言うか、原稿《げんこう》の下書きをしたり、いろいろ準備しないといかんことは、たくさんあるからな。

酒井　ああ、そうですか。

習近平守護霊　うーん。

酒井　では、「共産党大会は十月」と読んでよろしいのでしょうか。

習近平守護霊　うーん、どうかね。それは分からんけど、十月ぐらいに行われる可能性は高いとは思う。それは、先に延びるかもしれないが、少なくとも、もうすぐだよ。もうすぐであることは間違《まちが》いない。

酒井　そうですか。おめでとうございます。

習近平守護霊　だから、原稿も要《い》る。君らの国で言やあ、所信表明演説か?

酒井　はい。

習近平守護霊　その原稿にかからなきゃいけない時期が来てるんだよ。

酒井　ああ、なるほど。

習近平守護霊　だから、私も籠《こ》もらないと書けないだろう?

国家主席就任に向けて、「今、最後の詰《つ》めをやっている」

酒井　そうしましたら、「少なくとも、総書記という立場はほぼ確定した」ということでしょうか。

習近平守護霊　うーん、総書記というか、何でもありだな。まあ、全部ということだよな。

酒井　全部？　その党大会以降、来年にかけて、おそらく国家主席等も決まっていくと思うのですが。

習近平守護霊　うーん、だから、ちょっと今、最後の詰《つ》めをやっておる。いちおう派閥《はばつ》がないわけじゃないんでな。「あちらの戦力をどれだけ減らして、自分のほうの戦力で固めるか」っていうところに、まだちょっと綱引《つなひ》きはあるのでな。

酒井　まだ、あるのですか。

習近平守護霊　うん。

酒井　一説によると、「今回、政治局常務委員を七人に絞《しぼ》った。そのうちの四人は上海派《シャンハイ》（江沢民《こうたくみん》派）というか、習近平派になったのではないか」という情報もリークされていますけれども……。

習近平守護霊　いやあ、就任までは、まだ分からんからなあ。

酒井　そうですか。

習近平守護霊　うん。「朝起きたら、死んでた」っちゅうこともあるからさ。それは分からんから、まだ確定はできない。

酒井　そうですか。ただ、「ほぼ固まった」と見てよろしいですか。

習近平守護霊　うーん、まあ、いちおう、多数派形成はできるようになっていると思うけどね。

酒井　なるほど。

習近平守護霊から見れば、「李克強《りこくきょう》は甘《あま》い」「温家宝《おんかほう》は小者」

酒井　先般《せんぱん》、八月に李克強《りこくきょう》氏の守護霊にお出《い》でいただいたときにも、「最後は、軍を取ったところが勝つ。習近平は、『軍を押《お》さえた』と思っているが、それは甘《あま》い」とおっしゃっていましたが……（八月十三日収録。『李克強　次期中国首相　本心インタビュー』〔幸福実現党刊〕参照）。

習近平守護霊　「甘い」と思っとるやつが甘いんだよ。

酒井　彼は甘いのですか。

習近平守護霊　うんうん。「甘い」と思っとるやつが甘いんだよ。
本当に力のある者は、自分が直接やってるように見せないで、ほかの者がやってるように見せるわなあ。

酒井　なるほど。

習近平守護霊　だから、私は、次期国家主席として、日本をまったく非難してないわけですよ（収録時点。収録の翌日、習氏は日本政府による尖閣諸島の国有化を非難した）。民衆がデモをして、日本車を壊《こわ》したり、日本大使館を襲《おそ》ったり、日系工場を襲ったり、漁民が怒《おこ》って旗を立てて、「尖閣《せんかく》を返せ！」とか言ってるわけで、私は何も言ってないよね。

こういう人が偉《えら》いんであって、自分で言ってるやつは偉くないわけよ。

酒井　なるほど、そう言えば、「胡錦濤《こきんとう》氏が日本批判をした記事が、ネット上ですぐ消されてなくなっていた」ということもありました。

習近平守護霊　温家宝《おんかほう》も、最近、言っただろう？

酒井　はい。失言だったような……。

習近平守護霊　「領土問題は半歩も譲《ゆず》らん」と、温家宝は言うたわな。そういう、責任を取らされる発言をするやつは「小者」ということだな。

酒井　なるほど。

鄧小平《とうしょうへい》路線を捨て、毛沢東《もうたくとう》の先軍《せんぐん》政治に返そうとする習近平

酒井　今のデモは、南や西のほうが、かなり多くなっていますよね。

習近平守護霊　だってさあ、あんな中国の内陸部の人なんか、「尖閣諸島がどこにあるか」なんて知らないのに、デモをしてるんだからさあ。あんなもんは、ほんとは、どうでもいいんだよ。「やれ」って言うからやってるだけだよ。

酒井　先般、李克強氏の守護霊は、「習近平が、胡錦濤を脅迫《きょうはく》するつもりで、南や西のほうでデモを仕掛けている」と述べていました。

習近平守護霊　うん。何度もやってるから、それはそのとおりだ。

酒井　そのとおりですか。

習近平守護霊　うーん、まあ、そうだ。

鄧小平《とうしょうへい》派が南から攻め上《せ》がって、経済改革をやったんでな。（鄧小平が）南のほうを回り、「（改革開放によって）豊かにする」という「南巡講話《なんじゅん》」をやってからあと、（中国は）経済的に拡張してきた。つまり、最近は、鄧小平路線でやってたわけだけど、今、これを捨てられるかどうかが、大きな分かれ目なんだよな。

酒井　うーん。

習近平守護霊　鄧小平の路線で格差が拡大したからな。日本もそうだろうが、不満がすごく出てきてるからね。

今、「鄧小平路線を捨てて、毛沢東《もうたくとう》の先軍《せんぐん》政治のほうに返す」というイメージを押し出してるのは、基本的に私だ。

酒井　あ、そうですか。

習近平守護霊　それだと貧しさに対して文句《もんく》が言えなくなる。「毛沢東の時代はよかった。貧しいけど平等であって、軍だけはしっかりしていた。国が軍事開発をして、占領《せんりょう》されないように国防だけはしっかりしてた」と。

まあ、これは最低ラインだ。日本の菅直人《かんなおと》の「最小不幸社会」かなんか知らんけど、そんなようなもんだよ。

酒井　なるほど。

「薄熙来《はくきらい》氏の失脚《しっきゃく》」は胡錦濤《こきんとう》派による政略の一環《いっかん》

立木　幸福実現党の立木です。

今年の春に、薄熙来《はくきらい》氏（元重慶《じゅうけい》市党委員会書記）が失脚《しっきゃく》しましたけれども、この方も、毛沢東路線をとっていましたよね。

習近平守護霊　そうだな。

立木　この方の失脚事件とは、どのようなかかわりがあるのでしょうか。

習近平守護霊　うーん。まあ……。だから、「鄧小平路線を維持《いじ》するかどうか」がかかっている象徴《しょうちょう》的な事件であったとは思うけど、彼自身が、いろいろなスキャンダルまみれになって、葬《ほうむ》られていったわけだな。

ただ、あの程度で私の手足をもげると思ったら、甘いと思う。

立木　それでは、薄熙来氏は、習近平氏の系列というか、お仲間という位置づけだったのでしょうか。

習近平守護霊　まあ、そういうことになるかもしれませんな。結果的にはな。

つまり、あれは、私のほうの勢力を少し弱めておこうとしてやったことだな。あれで脅《おど》しをかけて、私の系統の人で次の政権を全部固めるのを防ごうとし、向こうの現有勢力、すなわち胡錦濤《こきんとう》派の戦力を残そうとする。そういう政略の一環《いっかん》だろうね。

まあ、「事実はどうか」なんて、中国という国では分かりゃしないんだからさ。そんなもん、事実はねえ、もう一秒で決まるんだ。有罪であろうと無罪であろうと、どっちでも一秒で決まるんで、それはどうでもいいんだよ。

胡錦濤《こきんとう》氏を「つなぎの主席」と切って捨てる自信

立木　そうしますと、今、「胡錦濤《こきんとう》氏は〝院政〟を敷《し》くのではないか」と言われていますが……。

習近平守護霊　無理、無理、無理、無理。あんな小者では無理だよ。君ねえ、あれは「つなぎの主席」なんだからさ。「院政を敷こう」と思ってるとは思うよ。だけど、残念だけども、墓場で休むことになるだろうな。うーん。

酒井　前回、二年前にあなたをお呼びしたときには、「自重しているので、あまり大きいことは言わない」とおっしゃっていましたが（『世界皇帝をめざす男』参照）。

習近平守護霊　いやあ、もうすぐだよ。

酒井　もう決まったのですね。

習近平守護霊　もう決まりだから、もし、これが中国語に翻訳《ほんやく》されたとしても、まあ、影響《えいきょう》は出まい。

酒井　影響は出ないと。

習近平守護霊　うん。

両天秤《てんびん》をかけ、軍部と民衆のどちらとも動かせるシステムを組んでいる

酒井　この前、李克強氏の守護霊は、「その核《かく》になるのが、軍部である人民解放軍を握《にぎ》れるかどうかだ」ということを、おっしゃっていました（『李克強　次期中国首相　本心インタビュー』参照）。

習近平守護霊　まあ、軍部もそうだけど、今、民衆デモをやってるだろ？　あれはねえ、〝民主主義〟も、ちょっと使ってるのよ。

今は、警察だけでは足りなくなってきて、武装警官だけでも足りないから、軍隊まで出動して、日本大使館の前とかを包囲して守ってやってるけどさあ、民衆が一斉蜂起《いっせいほうき》するところまで来たら、それはアラブと同じようなことになる可能性があるから、軍隊のほうだって寝返《ねがえ》るかもしれないよ。だって、デモをしているのが、自分の親兄弟や息子《むすこ》たちであったら、もう、たまんないわなあ。

今のところは、いちおう、命令どおり動いてはおるけどな。俺《おれ》が両天秤《てんびん》をかけていて、軍部でも民衆でも、どっちでも動かせるように、今、システムを組んでるのでね。

酒井　ほう、すごいですね。

習近平守護霊　だから、軍が言うことをきかなかったら、民衆デモを起こして、手を焼かせるようにしていくし、軍が使える場合には、民衆を抑《おさ》え込んで、全体を支配する。両方を使うことができるのは、俺だけしかいないからな。

「反日デモ」の目的は、日本に脅威《きょうい》を与《あた》えて怖《こわ》がらせること

綾織　今回の民衆デモのなかには、日本の工場を襲撃《しゅうげき》して焼き討《う》ちしたグループもいるわけですが、それは、事前にかなり計画されているというか、訓練されている

ような感じがしました。

習近平守護霊　はっきり言やあ、それは国内法で見ても犯罪に当たる行為《こうい》だからな。こういうのは、はっきりした破壊《はかい》行為だし、火を放ったら、みんな逮捕《たいほ》して、懲役《ちょうえき》刑《けい》か死刑かを考えなきゃいけない。略奪《りゃくだつ》もすごい金額でやってるから、捕《つか》まえたら、みんな刑務所行きだわなあ。

それを、反日という名目で、どのくらいまで許すかというところが問題なわけね。今、デモが一週間以上続いてるけども、国家というか、警察および軍が、それを止めないでいる。まあ、最終ギリギリになって、少し整然としたものにするように抑制《よくせい》には入ってるけども、デモの呼びかけが、インターネット等でいっぱい行われていて、それを「止《と》めていない」ということは、「やらせている」ということだ。それは間違いない。

つまり、これは、日本に対して脅威《きょうい》を与《あた》えて怖《こわ》がらせる目的のほうが大きいっちゆうことだな。デモについては、中国国内では報道されてないけれども、国際的には報道されているので、日本の記者は、もう絞《し》め殺される豚《ぶた》のような声で、キイキイと報道しておるからさ、日本の国内には、さぞ恐怖《きょうふ》が広がっていることだろうよ。

それから、欧米《おうべい》にもニュースが流れているので、「中国と日本との間で、ものすごい領土紛争《ふんそう》があるらしい」ということは、欧米にも知られている。

それで、アメリカも引きずり込んできてだね、まあ、結局、ヒラリーとは話をしなかったが、次はパネッタか？　国防長官と話をする予定になっている（注。九月十九日、習近平氏は北京《ペキン》でパネッタ米国防長官と会談し、アメリカが尖閣問題に介入《かいにゅう》しないよう求めた）。アメリカは、「尖閣は日米安保《あんぽ》の対象になる」とは言ってるけども、「領土問題には介入しない」というのが基本的な姿勢だな。あれは、弱腰《よわごし》で、オバマの考え方をそのまま受けたような考え方を持ってるのでね。

だから、漁船なんかに偽装《ぎそう》した船が大量に現れてきて、尖閣を占拠《せんきょ》したりしても、アメリカは手が出せないだろうな。

漁船団が千隻《せき》も来てさあ、もし、漁民が島に上陸したり、漁船が日本の巡視艇《じゅんしてい》とぶつかって沈《しず》んだり、逮捕劇があったり、暴行事件があったりしたところで、こんなものは、たぶん、日米安保の対象にはできないだろう。

「外交で解決してください」ということになったら、日本の外交は、〝アイム・ソーリー外交〟だからさ、まあ、先は見えてるわなあ。

酒井　おそらく、「遺憾《いかん》です」だけで終わるのでしょうね。

習近平守護霊　今、自民も民主も、総裁選や代表選で、動きがとれないところだわな。

これは、俺らから見ると、すごい利己主義に見えるんだよ。国家的危機があっても、自分らの利益のためだけにやってるような政治に見えるんでね。俺たちから見りゃあ、利己主義だな。

俺たちは、二年前から主席がもう決まってるんだからさ。この国の安定度は、もう、比類がないものだよな。

酒井　なるほど。

習近平守護霊　ハハ……。

大英帝国《ていこく》のように「軍事力を経済力に換《か》えていく」のが基本路線

綾織　今の反日デモで、これだけ日本企業《きぎょう》の工場やスーパーなどを襲撃すると、今後、日本からの投資や、あるいは、日本以外の国からの投資も、減っていく方向になると思います。

先ほど、毛沢東路線という話が出ましたけれども、「今後は、毛沢東路線で『平等』を志向するので、それで構わない」ということなのでしょうか。

習近平守護霊　いやあ、毛沢東路線の延長というか、要するに、政治と経済を分けて、「経済で儲《もう》けられる者から儲けろ」っていう鄧小平の政経分離《ぶんり》路線で、矛盾《むじゅん》がかなり大きくなってきて、不満が溜《た》まっとるから、軍事優先《ゆうせん》で、その軍事力を、やはりお金に換《か》えなきゃいけないですね。そういう時期だよな。それだけ軍事開発に投資したわけだからね。

それで、今、海底油田とか、メタンハイドレートとか、そういうものがある所も押さえなければいけないし、あとは、フィリピン、ベトナム等も、やっぱり植民地化していかなければいけない。

つまり、「軍事にかけた予算を、次はお金に換えていく」という路線だな。かつて、大英帝国《ていこく》が七つの海を支配したときのような感じで、軍事力を経済力に換えていくわけだよ。「世界を支配して、植民地化し、食料や、いろんな原材料を取り、それから、金銀財宝を取り上げて、その国は豊かにしない」っていうのが大英帝国の路線だったと思うけど、基本的には、それに近いものかな。

3 「反原発デモ」と「反米デモ」の仕掛《しか》け人

人権派のオバマ大統領はシリアやイランに軍隊を送れない

綾織　今、アフリカや中東のイスラム圏《けん》では、「反米デモ」がかなり起きていますが……。

習近平守護霊　ああ、それも俺《おれ》がやってるんだ。

綾織　これは、どのようにコントロールしているのですか。かなり計画をして指示を出されているのでしょうか。

習近平守護霊　今、アメリカは、「シリアに介入《かいにゅう》するかどうか」と、「イランを攻撃《こうげき》するかどうか」という問題を抱《かか》えている。これだけでも二つあるからね。二カ国同時に攻撃を開始するのは、あれだけ撤退《てったい》していってるオバマには、なかなか難しいだろう。

イラクからもアフガンからも撤退してるオバマにとって、シリアとイランに兵員を派遣《はけん》するのは、まあ、大変な逆方向で、お金は要《い》るし、損害も出る。

彼は人権派だから、「被害《ひがい》を減らしたい」っていう方向で動いてる。アメリカの人権派は、兵士の命を惜《お》しむのでね。

だから、「アメリカ領事館襲撃《しゅうげき》に対して、海兵隊を五十人送る」とかいう、日本政府みたいな対応にかなり近づいてきておるわな。

ほとんど意味はないね。五十人ぐらいを送ったところで、一日で殺せるもんな。だから、全然、意味がないんだけども、とりあえず、態度を示さなければいけないので、ちょっとやってるわけだ。オバマは、ほとんどレームダック（死に体）状態なので、もう判断はできないというか、強気の攻撃をしてまで勝とうとするほどの力がないわな。

ロムニーが大統領になった場合には、「諜報《ちょうほう》活動で失脚《しっきゃく》させる」

立木　これがオバマ大統領の外交上の失点になるならば、今度の大統領選挙で共和党のロムニー氏が勝利して、中国に対して強硬《きょうこう》路線をとる可能性もあると思うのですが、それについては、どのようにお考えですか。

習近平守護霊　もう、手は打ってあるよ。ロムニーが大統領になっても、ロムニーが失速して、空中分解するように、手はすでに打ってあるからね。

立木　どのような手を打たれたのですか。

習近平守護霊　ええ？　それはもう、アメリカは、いくらでも諜報《ちょうほう》活動で引っかき回せるところなので、中国系のロビイストを、そうとうお金をつかませて入れているし、政敵もだいぶいるので、ロムニーが大統領になった場合に、ロムニーを任期途中《とちゅう》で失脚《しっきゃく》させる戦略は、すでに発信してますよ。

立木　それは、お金絡《がら》みのスキャンダルなどでしょうか。

習近平守護霊　まあ、お金でも女性でも、何でもつくり放題だからね。あとは、宗教スキャンダルも、当然、つくれるわな。
　例えば、ロムニーを失脚させようとしたらさ、「フランス宣教師時代に、ロムニーに悪さをされた」っていうような人をつくり上げたらいい。そうすれば、すぐにアメリカは大騒《おおさわ》ぎになる。

それから、「汚《きたな》い金儲《もう》けをして、それがモルモン教団の懐《ふところ》に入った」みたいな、そういうシナリオをつくりゃいいんだろう？　バカな三流紙がそれに食いついたら、火がついてくるし、あとは、あちこちでロビイストが動いて、デモを起こしたり、いろんな反対運動を起こしたりすればいい。アメリカっていうところは火がつきやすいからね。

いずれにしても、ロムニーがきつくなるようにはなってる。

手強《てごわ》いヒラリー・クリントンには「戦わずして勝つ」のがいちばんだ

綾織　先ほど、「ヒラリー・クリントン国務長官に会いたくなかった」というお話がありましたが、今のアメリカの政権のなかでは、やはり、クリントンさんのやっていることが、いちばん気になるのでしょうか。

習近平守護霊　やっぱり、ヒラリーのほうが、ちょっと切れるわなあ。

綾織　はい。

習近平守護霊　戦略としては、「論争して勝つ」っていうのもあるけども、孫子《そんし》の兵法的に言えば、「明確に戦って勝ちを収める」っていうのは、上《じょう》の上《じょう》ではない。「戦わずして勝つ」というのがいちばんなので、放っておけばいい。この政権はもうなくなる寸前なんだから、相手にしないのがいちばんだわな。

綾織　クリントンさんが進めているような、中国包囲網《ほういもう》的なものをつくられるのが、いちばん嫌《いや》ですか。

習近平守護霊　ヒラリーには、ちょっと見えてるところがあるようだなあ。ヒラリーにはちょっと見えてるけど、オバマにはまだ見えてないところがあるんだ。

オバマは、経済再建と、国内の失業者を減らすことで、もう頭がいっぱいなのでね。「軍事予算を使う」っていうのは、その正反対の方向だから、軍事のほうに金を使ったら、財政再建と、失業者を減らすための雇用《こよう》対策ができなくなる。だから、「軍事のほうは、できるだけ融和《ゆうわ》策で逃《のが》れたい」っていう考えだろう。

しかし、ヒラリーは、けっこう強硬な考え方を持っているので、ここで、もし、私がヒラリーと言論で衝突《しょうとつ》して、アメリカのメンツが潰《つぶ》れるようなことにでもなり、アメリカの国民が激昂《げきこう》するようなことが起きたら、いくらオバマでも、しぶしぶ軍事に金を出さざるをえなくなる。

綾織　「もしオバマ政権が続いたとしても、クリントンさんは一期だけで退任する」というのが、いちばん望ましいシナリオになるわけですね。

習近平守護霊　うん。退任してもらいたいね。はっきり言って、オバマよりクリントンのほうが手強《てごわ》い。考え方を見ればね。オバマは、放っておいたら勝手に縮んでいくので、ナメクジみたいだな。

「反オスプレイ運動」も指揮している習近平

習近平守護霊　今の国防長官も弱腰《よわごし》なので、ほとんど介入しないと思われますよ。だって、アメリカ自身が攻撃されないかぎりはね。だって、オスプレイの配備一つで、あんなに苦労してるんだろう？　あれを日本に置いてもらうだけでね。あんなのは、別に、日本からとやかく言われる筋合いは何もない。アメリカ軍基地内で、どんなヘリコプターを飛ばそうと、そんなのアメリカの勝手だよ。当ったり前じゃないか。

それをさあ、日本人がデモをしたり、ビラを撒《ま》いたりして、反オスプレイ運動をやってるんだろ？　こんなのにやられてるんだからさ。

もちろん、命令は私のほうから出てるよ。全部、私が指揮してるのでね。

あんな簡単なことで、日米の交渉問題《こうしょうもんだい》になり、また、日本の政府と沖縄《おきなわ》や岩国《いわくに》との交渉問題になって、外交のエネルギーが、そちらのマイナスのほうに割《さ》かれていってる。「対中国戦略を共同で練《ね》る」というほうにエネルギーが行かないよな。

「日本に入っている工作員」は、親族を人質《ひとじち》に取られている

綾織　オスプレイの反対デモに対しては、どのような工作をしているのですか。

習近平守護霊　中国の工作員は、日本には、もう数千の単位で入ってるんだよ。単に旅行者として来てるだけじゃなくて、実際には、すでに生活者としても入り込《こ》んでるし、商売をやってる人もおれば、地方の公務員レベルまで入り込んでる者もいるし、労組《ろうそ》とか、そんなものにも入り込んでいるのでね。

綾織　もう完全に、日本人が工作員的な働きをしてしまっているわけですね。

習近平守護霊　要するに、完全に日系風になってる人のなかにも入っている。日本人化してるように見える人、帰化してるように見える人のなかにも、工作員は入っているんだよ。

綾織　資金的には、どういう……。

習近平守護霊　まあ、それは言えないけど、「人質《ひとじち》を取っている」ということだよな。

綾織　ほうほう。

習近平守護霊　「親戚《しんせき》一同が人質に取られてる」ということだ。

綾織　「中国本土に親戚がいる」ということですか。

習近平守護霊　うん、そう。例えば、本人が日本に帰化していたとしても、その親族一同が、全部、中国政府の監視《かんし》下にあったら、こちらの指示に反することはできないわな。

名誉《めいよ》に食いつく人を「脱《だつ》原発デモ」のリーダーに祀《まつ》り上げている

綾織　また、毎週金曜日に、首相官邸《かんてい》前で、「脱《だつ》原発デモ」が行われていますが、これも、習近平氏が指示を出してやらせているのですか。

習近平守護霊　いや、具体的に、「この場所で、これだけの規模で、毎日やれ」とか、「毎週やれ」とか、そういうところまでは、私は指示を出していないけども、中国から、名誉博士号《めいよはかせ》だとか、勲章《くんしょう》だとかをもらいたいような人は、〝毛鉤《けばり》〟にすぐ引っ掛《か》かってくるわなあ。

そういう名誉を求めてる人間を探し出すのは簡単なことで、そんなに時間はかからないね。ものの一週間もあったらリストアップできる。「中国から招待されたがったり、名誉博士号や勲章をもらいたがったりしている人は、どういう人か」って指示を出せば、一週間もあれば全部そろうよ。そのあたりのものに食いついてくる人を選んで、祀《まつ》り上げれば、それで済むわけだよ。

「ムハンマドを侮辱《ぶじょく》する映画」の仕掛《しか》け人も習近平だった

酒井 「習近平氏が、反日デモと反米デモを両方やっている」ということですが、これらは、時期を合わせて行うことを、当初から計画していたのでしょうか。

習近平守護霊 うん。反日デモも反米デモも、まあ、だいたいアバウトには考えていたし、これをやることによって、実は、アメリカが対シリア攻撃や対イラン攻撃をできないようにしてるんだよ。

酒井　アメリカは攻撃ができないですね。

習近平守護霊　うん。できない。「反日」と「反米」を両方やられたら、介入ができないわな。ネットに流されたのは十数分の短い映像だったけど、イスラム教徒を怒《おこ》らせる映画を、コプト教徒を使ってつくらせたんだ。

酒井　あれは中国がつくらせたものですか。

習近平守護霊　ええ。仕掛《しか》け人は私です。

「イスラム圏に火をつけろ」と命令を出したんだが、みんな、映像を見てもいないのに怒ってるわね。「ムハンマドが侮辱《ぶじょく》された」っちゅうて、反米デモが二十カ国以上に広がってる。

酒井 「エジプトでは、お金をもらってデモに参加した人がいた」という情報もあります。

習近平守護霊 コプト教徒はエジプトのなかにも住んでるので、そらあ、買収は簡単ですよ。

酒井 買収したわけですね。

習近平守護霊 うんうん。あのくらいの十何分のビデオ映像なら、あんたがたでも、すぐにつくれるんじゃないか。

酒井　そうですね。

習近平守護霊　マホメットの悪口を言えばいいんでしょう？　「マホメットは、とても凶暴《きょうぼう》な人間で、色気違《いろきちが》いだった」という内容を入れれば、それだけで激昂しますからね。日本の週刊誌とは違うのよ。

酒井　分かりました。それを中東でやりながら、同時に、日本で……。

習近平守護霊　二十カ国以上に飛び火させたから、これで、アメリカは、シリアやイランを攻撃できなくなった。

酒井　攻撃できなくなりましたね。

習近平守護霊　もし、攻撃すると、イスラム圏全部で反米運動がもっと激化してくるからね。

酒井　そうすると、アメリカは、逆に、アジアに目を向けることができますよね。今、中国から尖閣《せんかく》に向けて船も来ていますし、反日デモも行っているわけですが、ここにアメリカが絡んでくると思います。これについては、どう読まれていますか。

習近平守護霊　なんでアメリカができるの？　何にもできないじゃない。

酒井　まあ、日本次第《しだい》なのでしょうけれども……。

習近平守護霊　日本が反米運動をやってるのに、何言ってんの。つまり、イスラム圏に先立って、日本で反米運動をやったんだよ。

酒井　ああ、なるほど。

習近平守護霊　それが成功したから、イスラム圏にも反米運動を広げてるんじゃないか。

4 「尖閣《せんかく》問題」の次のステップとは

「口だけで尖閣《せんかく》を取れるかどうか」を実験している

酒井　習近平さんは、この反日運動や尖閣《せんかく》問題等について、次のステップとしては、どのように持っていこうとされていますか。

習近平守護霊　これ（尖閣諸島）を口だけで取れるかどうか、今、ちょっと実験してるんだ。

酒井　口だけで取ろうとしているわけですね。

習近平守護霊　うん。口と、漁船の旗を翻《ひるがえ》した船ぐらいで取れるかどうかを、今、ちょっと見てる。これで政権を揺《ゆ》さぶってるんだけど、ちょうど、自民と民主が党首選をやってるし、次の政権は単独政権にならない可能性が高いので、もっと混乱を引き起こそうと思ってる。

酒井　混乱を引き起こそうとしている？

習近平守護霊　ええ。烏合《うごう》の衆《しゅう》みたいな政権になったら、もう、意思決定はできなくなるからね。

酒井　いつまで、こういう状況《じょうきょう》で実験を続けるのですか。

習近平守護霊　うーん、とりあえず、次の政権がどうなるかが決まるまでは、揺さぶり続けなきゃいけない。

酒井　もっとエスカレートしていく可能性もあるのでしょうか。

習近平守護霊　うん。〝野田醤油《しょうゆ》ドジョウ〟は、あれだろ？　もう演説ができなくて困ってるんだろう？　かわいそうになあ。

酒井　昨日も、「クールに行きましょう」などと言っていましたが、この反日デモや尖閣問題が、さらに過激になっていく可能性もあるわけですか。

習近平守護霊　それはねえ、漁船が千隻《せき》か、もうちょっと出るかな？　一万隻まで準備はしてるようだけども、それだけの漁船が来たら、日本もちょっと頭にきて、巡視船《じゅんしせん》が興奮してくることもあるだろう。興奮して、過激なことをちょっとはしたくなる可能性があるわな。

酒井　それが狙《ねら》いですか。

習近平守護霊　狙ってんだよ。うちは、漁民が死ぬぐらいは何とも思っていないから、「何人か撃《う》ち殺してくれないかな」と思ってるんだ。そのくらいの過激な行動をさせようと思ってるので、撃たれて死ぬか、あるいは、船から海に落ちて、事故で死んでも構わない。

酒井　それで、もし死者が出た場合には……。

習近平守護霊　反日デモが、中国国内でもっと大きくなる。

酒井　それによって、「尖閣が取れるかどうか」を試《ため》しているところなんですね。

習近平守護霊　うん。まあ、何もしないで、結果的に、粘《ねば》り勝ちというか、脅《おど》し勝ちで、実効支配がこちらに移れば終わりですから。

酒井　なるほど。

習近平守護霊　今年、フィリピンでは、実際上、もう成功したんでね。

酒井　フィリピンでも、その戦略をとったわけですね。

習近平守護霊　岩礁《がんしょう》（南シナ海のスカボロー礁）の取り合いをフィリピンとやったけど、中国のほうがしつこいので、フィリピンはあきらめたんだよ。

酒井　なるほど。分かりました。

ロシアや韓国《かんこく》にも「中国のスパイ」が入り込《こ》んでいる

酒井　もう一つ疑問があるのですが、竹島《たけしま》問題や北方領土問題も、実は同じような時期に起こっているんですよ。

習近平守護霊　うん。

酒井　これについては、何か、かかわっておられますか。それとも偶然《ぐうぜん》ですか。

習近平守護霊　うーん、偶然ではないかもしれませんね。

酒井　偶然ではない？

習近平守護霊　うん。偶然ではないかもしれません。

酒井　「積極的にはかかわっていない」ということですか。

習近平守護霊　というか、いろいろルートはあるのでね。今、中国の〝ＣＩＡ〟は、アメリカのCIAより完全に強くなりつつあるんだよ。

あなたがたは、昔、007《ゼロゼロセブン》の映画を観《み》たであろうけれども、ああいうことが、今、できるのは、中国になりつつあるんだ。

酒井　そうすると、ロシアや韓国《かんこく》にも、かなり入り込《こ》んでいるわけですか。

習近平守護霊　うん。韓国の大統領には、明らかに弱みがあるからね。それ以外も、そうとう弱みを握《にぎ》ってるから、脅す材料には事欠《か》かない。

スパイはそうとう入っているので、脅せますね。

酒井　日本の政治家に対しても、何か弱みをつかんでるのですか。

習近平守護霊　それは、もういっぱい持ってますよ。だから、それが週刊誌にいろいろリークされてるんじゃないですか。

酒井　民主党とか、自民党とか、あるいは、大阪維新《おおさかいしん》の会（日本維新の会）とかもですか。

習近平守護霊　まあ、そういうのがリークされて、週刊誌に、女性問題などがいっぱい載《の》ってるけども、そのほとんどは、週刊誌に載る前に、うちが先に情報をつかんでるものばっかりですね。

酒井　なるほど。

習近平守護霊　ですから、情報としてはすでに持ってますよ。週刊誌っていうのは、垂《た》れ込みさえあれば調べに入りますからね。垂れ込みは匿名《とくめい》でも何でも構わないのでね。

「尖閣《せんかく》の次は、台湾《たいわん》、石垣島《いしがきじま》、沖縄《おきなわ》を一気に取る」という作戦

酒井　そうしますと、仮に尖閣《せんかく》問題が終わったとしたら、そのあと、日本に対して、どのような作戦をとってきますか。

習近平守護霊　当然、それはね、尖閣が取れたら、台湾《たいわん》を挟《はさ》み撃ちにして取り、それから、石垣島《いしがきじま》、沖縄《おきなわ》、このあたりを、もう一気に取ってしまうところまで行きますよ。

酒井　それは、いつごろになりますか。二〇一五年ぐらいという説が多いのですが。

習近平守護霊　私は、やっぱり速攻《そっこう》が得意なので、尖閣が取れたら……。

酒井　それは、いつぐらいですか。何年以内に取ろうと考えていますか。

習近平守護霊　いや、そんな、君（苦笑）。それは……。

酒井　そんなに早くはないですか。

習近平守護霊　それは、君、ちょっと賄賂《わいろ》をもらわないと、いくらなんでも、それはしゃべれないなあ。

酒井　（笑）そうですか。

「反原発」「中東問題」「シーレーン封鎖《ふうさ》」で日本を兵糧攻《ひょうろうぜ》めに

酒井　ただ、「うまいなあ」と思うのは、今、中東のほうで反米運動をやっていますよね。

習近平守護霊　うん。

酒井　あそこで、もし何らかの紛争《ふんそう》が起きたら、日本には石油が入ってこなくなります。

そして、中国に台湾や尖閣諸島を取られて、シーレーンを押《お》さえられたら、日本は第二次大戦のときのように、完全な兵糧攻《ひょうろうぜ》めに遭《あ》ってしまいます。

習近平守護霊　だから、日本って、ほんとにアホだね。中東の石油のほうも、こちらが蓋《ふた》を閉じて、入らないようにしようとしてるのにさ、脱《だつ》原発で、一生懸命《いっしょうけんめい》、盛り上がってるので、ほんとにバカだとしか思えない。

酒井　そうですよね。

習近平守護霊　日本の国民って、知能指数が低いんじゃない？　すっごく。

酒井　そうですね。

でも、習近平さんも、まさかそこまでは計算していないですよね。

習近平守護霊　え？　何が？

酒井「反原発運動と、中東問題、シーレーン封鎖《ふうさ》、これらを全部連結させよう」

とまでは考えていないでしょう。

習近平守護霊　考えてますよ、この二年間。

酒井　それでは、この兵糧攻めも考えていたわけですね。

習近平守護霊　当然考えてますよ。だって、これは、いずれ中国と利害がぶつかることだからね。一億二千万の日本人が生きるか死ぬかなんて、どうでもいいのよ。中国は、今、人口が増えていて、これから、十五億、十六億へと増えていくので、日本人の人口分ぐらい、あっという間に消化してしまう。

そのくらいは数年で増えてしまう可能性があるので、日本の食料とか、漁獲高《ぎょかくだか》とか、そんなのを全部奪《うば》わなきゃいけないし、日本が消費するエネルギー資源ってすごく多いですからねえ。日本が輸入して使ってる資源やエネルギーのところを、中国がそっくり頂かないと、増えていく人口はまかなえないね。

アメリカ封《ふう》じ込《こ》めではなく、「アメリカを屈服《くっぷく》させたい」という野心

酒井　先ほど、第一列島線（九州・沖縄から台湾、フィリピン、インドネシアに至るライン）の話がありましたが……。

習近平守護霊　ええ。第一列島線までは、うち（中国）のものに、すでになってるのよ。「第二列島線（伊豆《いず》諸島からサイパン、グアム、パプアニューギニアに至るライン）をいつまでに攻めるか」っていうところまで来てるからね。君ね、アメリカも、もう完全に、尻尾《しっぽ》を巻いて逃《に》げかかってるのよ。日本に対しては、まだ、そうは見せてないかもしらんけども、実際は、尻尾を巻いて逃げかかってるからね。

「第一列島線」および「第二列島線」

「第一列島線」は、九州・沖縄から台湾、フィリピン、インドネシアに至るライン。「第二列島線」は、伊豆諸島からサイパン、グアム、パプアニューギニアに至るラインを指す。

酒井　李克強《りこくきょう》氏の守護霊は、「自分は、アメリカとは正面衝突《しょうとつ》はせずに、アメリカを『孤立《こりつ》主義』の時代に戻《もど》して封《ふう》じ込《こ》めたいと考えているが、それに対して、習近平は、もっと強気で、アメリカを完全に屈服《くっぷく》させるような『強者の戦略』を持っている」ということを言っていました（『李克強　次期中国首相　本心インタビュー』参照）。

習近平守護霊　ああ、それは正しい。うん、それは正しいな。

酒井　どちらが正しいのですか。

習近平守護霊　うん、正しい。

酒井　アメリカを屈服させる戦略のほうですか。

習近平守護霊　うん。李克強も、たまには正しいことを言うんだな。だから、アメリカ封じ込めなんて、私は考えていません。

酒井　屈服させるのですね。

習近平守護霊　うん、屈服させるつもりでいる。

酒井　それは、どのようにやるのでしょうか。

習近平守護霊　まあ、順番に、アメリカの支配下にある所を取っていったらいいんでしょう？

酒井　例えば？

習近平守護霊　順番に取っていきますよ。

今、アメリカの支配圏《けん》は、日本でしょう？　それから、台湾も、まだ完全に支配圏から逃《のが》れてるわけではない。日本、台湾、それから、フィリピン、ベトナム、インドネシア、オーストラリア、そして南海の諸島を押さえて、さらに、グアム、ハワイなど、かつて日本軍が失敗した所を、全部、私が代わりに取ってあげますから。

「アラスカを取って、北米大陸まで押《お》さえる」のが狙《ねら》い

酒井　北米大陸まではどうですか。

習近平守護霊　それは、当然考えてますよ。資源がたくさんありますからね。まず、アラスカから取っていきます。

酒井　北米大陸まで押《お》さえようと考えているわけですか。

習近平守護霊　はい、はい。

酒井　そうですか。そうすると、核《かく》戦争に突入《とつにゅう》しませんか。

習近平守護霊　まず、アラスカから取りに入りますので。

酒井　アラスカからですね。

習近平守護霊　うん。アメリカが弱気だと、「アラスカぐらいだったら……」って捨てますのでね。「アラスカのために、アメリカの中枢《ちゅうすう》部分の都市が危機に襲《おそ》われる」ということは、やっぱり避《さ》けたいですからね。

5 「中国経済の拡大」は可能なのか

「中国の戦略」は、予告された時期よりも早く進んでいる

綾織　最近、ニューヨークやワシントンに届く「東風《とうふう》41号」というICBM（大陸間弾道《だんどう》ミサイル）の実験に成功したというニュースが出ております。

習近平守護霊　そのとおりです。

綾織　これも、やはり、タイミングを見て情報を出しているのでしょうか。

習近平守護霊　そのとおりです。だから、オバマみたいなチキン（臆病者《おくびょうもの》）だったら、「撃《う》つぞ！」と言えば、もうそれで終わりですわ。向こうは、たぶん撃てないと思います。

綾織　アメリカは、もう身動きが取れなくなるわけですね。

習近平守護霊　私は撃てるのでね。

酒井　中国の計画としては、二〇二〇年から二〇三〇年ごろまでに……。

習近平守護霊　その年数はねえ、まあ、ホラを「フーッ」っと吹《ふ》いているんだって。

酒井　それはホラなんですか。

習近平守護霊　うん。私の場合はねえ、言ってるよりも、全部早くなるからね。

酒井　早くなる方向で、今、考えているわけですか。

習近平守護霊　うん。全部早くなるから。先のほうに予告をしておいて、「まだ時間がある」と思って準備してるところが隙《すき》になるんだよ。

酒井　その時期の根拠《こんきょ》としては、「米中の経済逆転が一つのポイントではないか」と言われているのですが……。

習近平守護霊　だって、アメリカの国債《こくさい》をいっぱい持ってるんだからね。

酒井　はい。

習近平守護霊　これを全部売ったら、アメリカの経済は一気に崩壊《ほうかい》しますから。

日本経済を取り込《こ》み、人民元《げん》を世界通貨にする？

酒井　中国は、このまま経済成長していく予定ですか。

習近平守護霊　だって、人民元《げん》が世界通貨になるんですから、どうってことないでしょう？

立木　人民元は、今、為替《かわせ》管理されていて、柔軟《じゅうなん》性が十分にない状態ですよね？

習近平守護霊　いや、アメリカが没落《ぼつらく》して、そうなるのよ。ヨーロッパも、もう駄《だ》目《め》だからね。ユーロも駄目でしょう？　アメリカは、もうすぐ債務国家として管理されるようになるから、ドルも信用されなくなる。

それで、「円は、どうなってるか」って？　円は、もう人民元に替《か》わってるよ。

だから、人民元が世界通貨なんです。私の時代には、そうなります。

立木　日本に人民元を押《お》し付けるなんていう、国際的に見て、非常に非常識な振《ふ》る舞《ま》いをすると……。

習近平守護霊　非常識なのは君だよ。

立木　いやいや。そうすると、「中国経済は危険だ」ということで、外資はすべて撤退《てったい》していくと思います。

習近平守護霊　いや、違《ちが》う違う違う。中国経済が危険なんじゃなくて、十分の一の規模しかないのに、偉《えら》そうに言ってる日本の存在が危険なのよ。

立木　今、中国は、経済成長率が八パーセントを割り、かなり失速してきています。

習近平守護霊　失速なんかしてない。そんなもん、いくらでも増やせますよ。そのうち、日本経済を取り込《こ》むから、すぐ倍増だ。日本経済は、もうすぐ中国経済になるから、倍増じゃないか。これでアメリカに追いつける。

「経済は軍事に屈服《くっぷく》する」というのが習近平のポリシー

酒井　しかし、李克強《りこくきょう》氏の守護霊は、「習近平は経済が弱い。基本的に分かっていない」と言ってました（『李克強 次期中国首相 本心インタビュー』参照）。

習近平守護霊　いやあ、「弱い」と思わせてるとこが、賢《かしこ》いとこなんだよ。

立木　そう思わせているわけですか。

習近平守護霊　秀才《しゅうさい》っていうのは、「自分は賢い」と思ってるうちは、使えるのよ。「バカだ」ってことを証明してしまったら働かなくなるけど、「自分は賢い」と思わせておくと、いくらでも働くんだ。だから、秀才は、ほめてやればいい。「おまえは賢いね」って言えば、いくらでも働くのよ。

酒井　では、李克強氏に経済を任せるのですか。彼の守護霊は「経済は私がやる」と言っていましたが。

習近平守護霊　ハハ。まあ、彼はただの実務家だからね。私は実務家じゃない。

酒井　彼は、「裏で実権を握《にぎ》る」とも言っていました。

習近平守護霊　ハハハ。そう思っとるところが甘《あま》いんだよな。それは官僚《かんりょう》と政治家の違いだ。

酒井　彼を使うのですか。

習近平守護霊　官僚として使うね。事実上の官僚としてな。

私は、とにかく、巨大肉食獣《きょだいにくしょくじゅう》と一緒《いっしょ》で、手当たり次第《しだい》に食べていきますから、体が大きくなる。それが経済の拡大です。

綾織　先ほどの話に戻《もど》りますが、人民元がこれから切り上げされていくとなると、中国は、輸出がかなり厳しくなってきますよね？

習近平守護霊　切り上げも何もないよ。核《かく》兵器で脅《おど》しまくるんだから。経済は軍事に屈服《くっぷく》するのよ。

6　日露《にちろ》・日印同盟が組まれたら、どう対抗《たいこう》するか

中国と戦争したくなければ、「尖閣《せんかく》をあげる」と言えばいい？

酒井　先日、プーチン氏の守護霊の霊言《れいげん》を録《と》ったとき、彼は、「もし中国が覇権《はけん》主義をとって軍事拡大してくるのであれば、ロシアとしても黙《だま》っていない」という趣《しゅ》旨《し》のことを言っていました（『ロシア・プーチン新大統領と帝国《ていこく》の未来』〔幸福実現

党刊〕参照）。

しかし、前回、あなたの霊言を録ったとき、あなたは、ロシアとは戦いたくなさそうでしたね。

習近平守護霊　まあ、共産主義を奉《ほう》じてた者同士だから、近親憎悪《ぞうお》はあるけども、やっぱり、中露《ちゅうろ》が戦うよりは、日中が戦う可能性のほうが高い。どう考えたって、そうだな。

酒井　ただ、日露の同盟もありうると思います。

習近平守護霊　できやしないって。北方四島みたいな、ちっこーい島のことで、ギャアギャア言ってるような国が……。

酒井　これは、日本のトップの判断一つです。

習近平守護霊　そんな同盟を組むような肚《はら》があるわけねえだろう。

酒井　さらに言えば、日印の同盟もありえます。

習近平守護霊　中国と戦争したくなければ、「中国に尖閣《せんかく》諸島をあげる」って言えば、それでいいんだ。それで終わりじゃないか。戦争もなくなって、いいことだ。こっちは、漁船団千隻《せき》を送って、威嚇《いかく》して、練習してるんだ。次は「軍艦《ぐんかん》だぞ」って言ってるんだよ。

西宮《にしみや》前大使が倒《たお》れたのは、習近平氏の「念波《ねんぱ》」が原因なのか

酒井　いや、私が言っているのは、「きちんと対応を考えておいたほうがよいので

はありませんか」という〝助言〟なのですが。

習近平守護霊　あんたに助言されてるわけ？　私が？

酒井　はい。

習近平守護霊　ああ、そう。

酒井　日露同盟、日印同盟ができたら、どうやって防ぐのですか。

習近平守護霊　できないって。

酒井　もし、できたらどうしますか。

習近平守護霊　あんた、日本の外交のレベルを知らんから、そういうバカな夢想をするのよ。昔の日本人には、たまには偉《えら》い人もいたよ。ちょっとはな。しかし、今の外交官は駄目《だめ》だ。事務員だよ。

日本の外交官（西宮伸一《にしみやしんいち》・前駐《ちゅう》中国大使）は、中国に赴任《ふにん》することもできずに、路上で倒《たお》れて死んどるんだからさあ。

酒井　まさか、あれには……。

綾織　手を出しているのでしょうか。何かやったんですか。

習近平守護霊　怖《こわ》いんだ。俺《おれ》の念波《ねんぱ》一発で死ぬんだよ。

綾織　念波でやったのですか。

習近平守護霊　「来たら殺すぞ」という念波を出したら、死ぬんだよ。

綾織　習近平氏は、日露《にちろ》・日印同盟を恐《おそ》れている？

酒井　話を戻《もど》しますが、もし、日米同盟に加えて、日露《にちろ》同盟・日印同盟ができたら……。

習近平守護霊　ああ、できない、できない。できない、できない。

酒井　いや、「できない」という仮定ではなく……。

習近平守護霊　そーんな構想を立てられるような政治家が、日本にいるわけがない。

酒井　そこまで拒否《きょひ》するのは、「怖い」ということですね。

習近平守護霊　無理、無理、無理、無理。無理、無理、無理、無理。

酒井　それは怖いんですね。

習近平守護霊　絶対、絶対できません。日本の政治家は、もうバカばっかりで、票を取って当選すれば、それで安泰《あんたい》。名誉《めいよ》だけあればいいの。

「イスラム圏《けん》は、お金で取り込《こ》める」と考える習近平守護霊

酒井　先ほど、「中東に手を出している」という話がありましたが、あなたは、過《か》去世《こぜ》（チンギス・ハン）において、孫がエジプト・シリアで失敗しているんですよ

ね。

中東には、今、イスラム教が広がっているわけですが、あなたは、このイスラム教を、どのようにして取り込《こ》もうとしているのですか。

習近平守護霊　イスラム教は貧しいから、中国が「投資する」と言えば、いっくらでもなびいてくる。

アメリカは、イスラム教徒に、投資が十分できないからね。

酒井　しかし、民衆までは取り込めないですよね。

習近平守護霊　いやいや、お金をくれりゃ、イスラムはいくらでも動くのよ。

酒井　お金をばら撒《ま》くわけですか。

習近平守護霊　うん。お金さえくれればね。あそこは、酒と女では、なかなか釣《つ》りにくいけど、お金ではいくらでも釣れる。「これはアラーからのお金だ」と言って渡《わた》せば、いくらでも釣れるよ。

酒井　経済力でもって、取り込もうとしているわけですか。

習近平守護霊　そうそう。もちろん、そのとおりですよ。だから、アフリカまで手を伸《の》ばしてるでしょう?

立木　しかし、相手国の資源をどんどん奪《うば》い取っていくようだと、現地の人たちから反発が来るのではないでしょうか。

習近平守護霊　だから、「大英帝国をやる」と言ってるじゃないの。

立木　そうすると、反中運動が高まったりしませんか。

習近平守護霊　起きない。起きない。追い込んでいって、もう逃《のが》れられないようにするから。絶対、逃《に》げられないようにするから。そのへんは上手《じょうず》にやりますから、大丈夫《だいじょうぶ》です。

7 「日本本土の征服《せいふく》シナリオ」について

日本の相手は、北朝鮮《きたちょうせん》の金正恩《キムジョンウン》がちょうどよい？

酒井　これから、日本に対して、「北朝鮮《きたちょうせん》カード」を、どう使うつもりですか。

習近平守護霊　うん。これも使える。だから、私らみたいな大中国が、日本なんか相手にするのはバカバカしいのよ。日本の総理と、戦争というか、喧嘩《けんか》させるのには、金正恩《キムジョンウン》ぐらいがちょうどいい。

日本の総理あたりが、あの程度の若造《わかぞう》に手を焼いて、今回も、交渉団《こうしょう》をのこのこ送ったんだろ？　そして、また手ぶらで帰ったんだろ？　バッカみたいだね。本当に君らはアホだ。屁《へ》のような、ちっこい……。

酒井　小さいかもしれませんが……。

習近平守護霊　「帰してくれー。さらっていったやつを帰してくれー。十年間帰ってこない」なんて言ってるけど、「バカか」っちゅうんだ。

立木　確かに、今、日本は情けない状態かもしれませんけれども……。

習近平守護霊　情けない。君みたいにね。

立木　幸福実現党としては、やはり、核《かく》武装をしっかりと進めて、中国の核に対抗《たいこう》したいと思っています。

習近平守護霊　君なんか、もう、蚊《か》ほどの力もないじゃないか。無理、無理、無理、無理。一議席も取れないんだから。

立木　いやいや。そういう考え方を広げて……。

習近平守護霊　言えば言うほど、落ちる。

立木　いいえ。核武装は必要です。ロジカルに考えて必要なことは、やはり、きちんと訴《うった》えて、国民の理解を得たいと思っています。

習近平守護霊　無理です。日本は、滅《ほろ》ぶほうを選びます。

立木　仮に、日本が核武装したら、どう思われますか。

習近平守護霊　できません。無理です。核武装を言ったところには、まず議席をくれませんから。

脱《だつ》原発デモが起きている日本に「核《かく》武装」は可能なのか

綾織　先ほど、「脱《だつ》原発のデモに、中国の工作員が入っている」という話がありましたが、その理由は……。

習近平守護霊　もちろん、日本人が悪いんですよ。私が悪いわけじゃないんです。日本人が、そういう感情を持ってるから、それに、ちょっと油を注《そそ》いだだけのことであってね。

綾織　それは、やはり、最終的には、「日本を核《かく》武装の方向に行かせない」ということを狙《ねら》っているわけですよね。

習近平守護霊　欧米《おうべい》諸国の国民にアンケートを取れば、五十パーセントの人は、「日本は、すでに核を持ってる。それは当たり前だろう。『何のために原発を、あんなにたくさんつくってるのか』と言えば、核兵器をつくるために決まってるじゃないか」と思ってるんだからね。

しかし、君らは、北朝鮮みたいに（ほかの国を）脅《おど》すことができないから、バカみたいなもんだ。

もう、北朝鮮の指導者を借りてきて、日本の首相に就《つ》けたらいいんだよ。「『これだけ原発をつくった』ということは、『日本はすでに核兵器を保有している』と考えていただいても悪くないかもしれません。誤解だったら、遺憾《いかん》ではありますが、保有している可能性もないわけではない」と、ちょっと言えば、それで済むわけだ。北朝鮮の指導者を日本に借りてくれば、「北朝鮮に拉致《らち》された人が帰ってこない場合は、〝人工衛星〟を打ち上げることもあるかもしれません」とか言うだろうね。

そういうことが言えない君たちは、本当に情けないいな。

綾織　最終的には、やはり、「日本から核抑止力《よくしりょく》を奪《うば》ってしまう」というのが、狙いであるわけですね。

習近平守護霊　でも、今から開発したって遅《おそ》いよ。

綾織　そんなことはないと思います。

立木　アメリカからもらうこともできますし、ロシアから買うこともできます。やり方はいろいろありますよ。

習近平守護霊　開発にかかるとなったら、日本は、みんな、バラバラで、ベラベラしゃべるから、全部、分かってしまう。

どうせ、会議をするんだろう？　みんなで、「核を持つべきか、持つべきでないか」って議論するんでしょう？　だけど、脱原発運動で、これだけデモをされてるのに、どうして、その会議ができるわけよ。

酒井　確かに、おっしゃるとおりです。日本は、核を持てない状態になっています。

習近平守護霊　君ぃ、たまには認めることもあるんだね。もっと性格が悪いと思ってたけど。

酒井　日本の国民が、今、そういう状況《じょうきょう》にあるのは事実ですから。

習近平守護霊　だから、無理ですよ。はっきり言って。

「駅前のNOVA《ノヴァ》を全部中国語学校に切り替《か》える」という目論見《もくろみ》

酒井　日本が核《かく》武装しなかった場合、武力侵攻《しんこう》せずに、日本を取ることができるとお考えですか。

習近平守護霊　ああ、できますね。

君たち、今、（日本の）駅前に英会話学校がたくさんあるけど、全部、中国語学校に替《か》わるからね。それで、中国語会話に退社後通うか、朝通うか、全員、義務づけられるからね。そうしたら、君たちには、生活の支障がまったくない。

つまり、社内公用語が、英語から中国語に替わるわけだ。

酒井　「日本征服《せいふく》のシナリオ」のようなものがあれば、簡単に教えていただけないでしょうか。尖閣《せんかく》、沖縄《おきなわ》のあとは、どうするつもりですか。

習近平守護霊　シナリオなど、何も要《い》らないんじゃない？

酒井　何にも要らないのですか。

習近平守護霊　何にも要らない。

立木　核で脅すだけですか。

習近平守護霊　そう。「核兵器でもって、十分以内に日本は滅《ほろ》ぼせる」と言ったら、終わりですよ。

酒井　しかし、まずは尖閣を取りますよね。

習近平守護霊　「取ります」って言ったって、核兵器を持ってるんだから、こちらが取ろうと思えば、一秒で取れる。

酒井　沖縄は琉球省《りゅうきゅうしょう》になるわけですか。

習近平守護霊　沖縄は、「中国に帰属したい」と尻尾《しっぽ》を振《ふ》ってるんじゃないか。知事からして、中国人になりたくてしょうがないんだよ。

酒井　そのあとは、どうするつもりですか。

習近平守護霊　「どうするつもり」って……。NOVA《ノヴァ》は潰《つぶ》れたんだか知らんが、駅前のNOVAは、全部、中国語会話に切り替わるんだよ。

酒井　中国語会話の部分だけで、侵略されるとは思えないのですが。

習近平守護霊　いやいや。生き残りたい君たちは、「中国語をしゃべれる人は殺されないで済む。しゃべれない人は射殺される」と言ったら、あっという間に中国語を勉強するよ。

酒井　日本を取る作戦としては……。

習近平守護霊　取るんじゃなくて、ここは、もともと中国固有の領土なんだ。

酒井　また、その戦略で行くわけですか。

習近平守護霊　そう、当然でしょう。

あんたらは漢字を勝手に使って、使用料を払《はら》ってないだろう?

酒井　では、日本を取る戦略というのは、沖縄を取る戦略を、さらに大きくしたような感じでしょうか。

習近平守護霊　沖縄なんて、もう、うちのものになってるんだから、どうでもいいんだよ。問題は本土だ。君たちは、千何百年にわたって漢字を使ってきたんだから、やっぱり、使用料を払う必要があるわな。

「日本の米軍基地は近年中に撤退《てったい》する」と読む習近平守護霊

酒井　今度、当会は、映画「神秘の法」（製作総指揮・大川隆法）を公開する予定ですが、この映画は、日本が外国に武力侵攻される設定になっています。

習近平守護霊　指導者（主人公）が死刑《しけい》になるんだろう?

酒井　あなたは、「武力侵攻をしなくても、日本は取れる」とお考えなんですね。

習近平守護霊　まず、脅しまくります。

酒井　「武力侵攻をする」というのも、一つの脅しとして使うわけですか。

習近平守護霊　今の民主党政権みたいなのが続けば、脅すだけで、簡単に取れる。

酒井　人民解放軍が日本に上陸してくることもありうるわけですか。

習近平守護霊　それは、最悪の場合というか、まあ、そこまで用意はしておかなきゃいけないわな。

綾織　それは、結局、「アメリカがどう動くか」で決まってくると思います。

習近平守護霊　アメリカは、もうねえ、尻尾を巻きかかってんのよ。

立木　横須賀《よこすか》や佐世保《させぼ》などにある米軍基地は、どうするつもりですか。

習近平守護霊　米軍基地と言ったって、住んでる人は少ないし、周りは〝敵〟だらけだからな。日本人は、もう、「婦女子をレイプした」とか、「オスプレイが落ちた」とか、ギャアギャア、ギャアギャアギャア言ってるだろう。

立木　一部には、そういう人もいますが、大多数の人は、日米同盟の堅持《けんじ》を支持しています。

習近平守護霊　そう言ってるが、フィリピンのクラーク基地と一緒《いっしょ》で、もうすぐ、全部、出ていくよ。これは近年中だよ。

綾織　それは、「米軍が日本から撤退《てったい》するところまで、持っていく」ということですか。

習近平守護霊　必ずそうなる。必ずそうなる。

「反米デモ」ばかり起きて、「反中国デモ」が起きない日本

酒井　日本を取るつもりなら、中国としては、中東でアメリカが戦争をするように仕向けたほうがいいのではないですか。

習近平守護霊　アメリカは金がないから、できないんだって。

酒井　そうすると、アメリカ軍は太平洋に残りますよ。

習近平守護霊　いや、もう終わってるんだ。太平洋の戦いは終わったの。

酒井　終わったのですか。

習近平守護霊　終わったんです。日本での戦いは、もう終わったんです。アメリカは負けたんです。

酒井　それは、なぜですか。

習近平守護霊　あんた、毎日ニュースを見てて分からないの？

酒井　はい。

習近平守護霊　バカじゃないか。

酒井　（苦笑）

習近平守護霊　反中国デモは何もできないじゃないか。反米デモばっかりやってる。「反中国デモをやってみろ」っていうんだ。二十万人規模で、やれるもんなら、やってみい。ＩＣＢＭが飛んでいくから。

立木　世界の人たちは、中国で起きている反日デモを見て、「これで本当に文明国なのか」と、あきれているのではないかと思います。

習近平守護霊　君ねえ、文明国ではないように見せるところが、脅迫《きょうはく》力なんだよ。

立木　「中国とは付き合いたくない」という国際世論《よろん》が出来上がるでしょうね。

習近平守護霊　文明国に見せることはできる。簡単ですよ。中国にだって、昔から「礼の思想」があるから、中国古代の思想に則《のっと》った礼儀作法《れいぎさほう》を、君たちにしつけることはできます。

ただ、中国人以外は、バーバリアンということになってるからな。君らは野蛮人《やばんじん》であるわけだよ。

立木　反日デモの様子を見ていると、中国人こそ野蛮ですよね。

習近平守護霊　いやいや、そんなことはありません。

立木　もう、満州事変が起きたころの、八十年前と変わらないですよ。

習近平守護霊　中国は野蛮人に囲まれてるけど、中国人は文明人なんだ。

8 「中国の戦略」は機能しているのか

二〇一一年のサイバー攻撃《こうげき》は、実は「中国の先制攻撃」だった!?

綾織　「核《かく》でもって、日本とアメリカを脅《おど》していく」とのことですが、先般《せんぱん》、大川総裁が、中国のゴビ砂漠《さばく》にある秘密軍事基地を遠隔透視《えんかくとうし》し、日本各地を照準に定《さだ》めている核の存在が明らかになりました（『中国「秘密軍事基地」の遠隔透視』〔幸福の科学出版刊〕参照）。

この秘密軍事基地の存在については、習近平さんも知っているのでしょうか。

習近平守護霊　そんなもの、知られたところで、どうってことはありませんよ。中国は、あっちもこっちも核だらけなんですからね。もう、どこにあったって、おかしくはない。

酒井　前回の霊言《れいげん》で、あなたは、「すでに、中国の奥深《おく》くに核施設《しせつ》をいっぱいつくっています」と言っていましたが、この基地のことを指していたわけですね。

習近平守護霊　まあ、そうだね。わしはアバウトだからさあ、あまり細かいことは言わない。

酒井　あまり細かいことは知らないのですか。

習近平守護霊　うん。たくさんあるのは知ってるけど、細かいことは知らない。

とにかく、あんたらは勘違《かんちが》いしてるけど、去年、戦争はもうすでに始まってるんだよ。分かってないのかなあ。アメリカも日本も、サイバー攻撃《こうげき》を受けてるだろう？　それに対して反撃できなかっただろう？　もう先制攻撃は終わってるんだ。日本は、「技術先進国だ」と思って自惚《うぬぼ》れてたのに、中国からサイバー攻撃をかけられて反撃ができなかった。アメリカも反撃ができなかったんだよ。これで、もうすでに第一波の攻撃は終わってるんだ。

これは、どういうことかと言うと、これからの戦争は、全部、電子を使った戦争になるので、「まず、電子攻撃で勝って、優位《ゆうい》に立った者が勝つ」ということなんだよ。

去年、「中国の電子攻撃能力は、日米を超《こ》えた」ということを示したのであって、これで、もうすでに抑止力《よくしりょく》がついたんだ。もう、中国に対して……。

立木 「反撃できなかった」というよりも、「反撃しなかった」というだけではないでしょうか。

習近平守護霊 あんたね、「中国がやった」というのを日本が見つけるまで、どれだけ時間がかかったと思ってるんだよ。

立木 まあ、そうですね。

習近平守護霊 ものすごく時間がかかったんじゃないか。

立木 ただ、あなたは、「アメリカは、アジアから逃《に》げ出していく」というように捉《とら》えていますが、一方では、「アメリカは、引くと見せかけて、中国が増長して出てきたところをすかさず叩《たた》くつもりではないか」という見方もあります（『日本武《やまとたけるの》尊《みこと》の国防原論』〔幸福実現党刊〕参照）。

習近平守護霊　君らは、情報がものすごく遅《おく》れてるんだよ。（高度な情報収集・処理能力を持つ）情報艦《じょうほうかん》であるところのイージス艦は、アメリカと日本ぐらいにしかなく、中国は持ってないから、君らは、「まだ軍事的優位《ゆうい》がある」と思ってるかもしれないけども、去年のサイバー攻撃を見て、「日米のイージス艦を機能させなくすることは、もうできるようになってる」ということが分からないんだったら、本当のバカだ。ＩＱは完全に七十五を切ってるわ。

中国は、もう、人工衛星から日米のイージス艦の機能を麻痺《まひ》させる能力を持ってる。麻痺させられてるのに、それを知らずに弾《たま》を撃《う》ったら、どこへ向かって飛んでいくか、分からないだろうな。「そういう状況《じょうきょう》になってる」ってことだね。

立木　しかし、サイバー攻撃を受けて、日米とも対策を打っていると思います。

習近平守護霊　できてない。「できた」って発表があったか?　できてない。

立木　そんなことを発表するわけがないですよ。

習近平守護霊　できてない。できてないだろ。

綾織　逆に、アメリカは、中国に対して、同じようなサイバー攻撃をすることもできるはずです。

習近平守護霊　アメリカは、人が死ぬのが惜《お》しくてね。三億人ぐらいいるのかどうか知らんけど、まあ、ちっぽけな国だなあ。中国は、三億人ぐらい死んだって、どうってことないんだよ。ほっとけば、増えていくからさあ。

立木　ただ、高齢《こうれい》化などが進み、経済的負担もかなり高まっていると聞いています。

習近平守護霊　大丈夫《だいじょうぶ》なのよ。植民地をいっぱいつくるからさ。人はいくらでも手に入るんだよ。

日本人が中国を嫌《きら》いにならないよう「テレビ朝日」を操作している？

綾織　「外に向かって食い尽《つ》くしていく」という考えのようですが、一方で、国内のことについては、私たちも、多少、心配をしているのです。

習近平守護霊　どこの国内だね？

酒井　中国です。

習近平守護霊　ああ、中国の？

綾織　「反日デモ」と言いつつも、それを続けていると、最終的には、共産党政府のほうに矛先《ほこさき》が向かっていくわけですよね。

習近平守護霊　それを言ってるのは、「テレビ朝日」なんだよ。

綾織　いや、「テレビ朝日」も言っているかもしれませんが……。

習近平守護霊　それは、わしらが操作してるんだ。

酒井　ああ、それも操作しているのですね。

習近平守護霊　つまり、「反日デモをやってる」ということばかりを日本人に信じ込《こ》ませると、日本人が中国を嫌《きら》いになるからな。「ほんとは反政府デモがしたいんだけど、〝反日〟〝愛国〟を言っていれば責められないから、（反日デモを）やってるんだ」というところも見せてるわけよ。

綾織　実際に、深圳《しんせん》市の共産党委員会庁舎にデモ隊が押《お》しかける騒《さわ》ぎもありましたよね。

習近平守護霊　いや、そのくらいやることまでは許して、ちょっと見せてるのよ。中国では、許可がなかったら、何一つできないんだ。それを許してるというのは、「わざとさせてる」ということなんだよ。〝トカゲの尻尾《しっぽ》〟程度のものは切るのよ。

「反日デモ」を裏で操作する真意は「鄧小平《とうしょうへい》派の一掃《いっそう》」

綾織 「反日」というのは、当然あると思うのですが、中国国民の反発・不満は、むしろ、共産党員のほうに向きますよね。

習近平守護霊 いや、それはねえ、私は、鄧小平《とうしょうへい》派の一掃《いっそう》をやるつもりでいるので、そのへんに利用するつもりで、今、ちょっと〝運動会〟の練習をしてるんだよ。

綾織 鄧小平路線を一掃してしまうつもりですか。

酒井 それは、例えば、誰《だれ》のことなのでしょうか。

習近平守護霊 まあ、「鄧小平によって成功した」と思ってる人は、たくさんいると思うけどね。

酒井　それは、今の党指導部関係者ですか。

習近平守護霊　うーん、まあね。今まで、何代かあったと思うけど、これを一掃するつもりでいる。

酒井　胡錦濤《こきんとう》などですね。

習近平守護霊　さらに、焦点《しょうてん》を軍事に絞《しぼ》り込みますから。

中国共産党が続いているのは軍隊が押《お》さえているためか

酒井　では、「本当に『先軍《せんぐん》思想』が復活する」と考えてよいのでしょうか。

習近平守護霊　ええ、そうです。

だから、これからは、ちょっと貧しくなってもらいます。今まで儲《もう》けすぎたのでね。一部の人たちが十倍も儲けたんでしょう? 共産主義の建前《たてまえ》でいけば、やっぱり、「一対二」以上に開いたら、絶対にいけないんだよ。

綾織　中国としては、「これ以上の経済成長を追求しなくてもよい」ということなのでしょうか。

習近平守護霊　いや、今度は、(外国を)取っていくから、別に構わないのよ。

綾織　つまり、「国内は、もういい」と考えているわけですね。

習近平守護霊　毛沢東《もうたくとう》は偉《えら》いな。「先軍思想」は、そのとおりだよ。「軍事力を経済力に換《か》えていく」っていうことは、過去五百年間で、ヨーロッパが示してくれたことだから。それを、ちゃんとやりますよ。

綾織　ただ、「経済成長率が落ちると、失業率が上がる」という逆相関の関係がありますので、結局、それが暴動につながっていくわけですよね。

習近平守護霊　君ねえ、中国に失業なんて、あるように見えて実際はないんだよ。

立木　そもそも、天安門《てんあんもん》事件で数多くの人々を虐殺《ぎゃくさつ》したにもかかわらず、なお、中国共産党が支配する〝正当性〟があったとすれば、それは、「高い経済成長を遂《と》げている」というところだったはずです。中国の民衆が共産党についてきたのも、「経済を成長させて、生活を豊かにしてくれる」と信じていたからでしょう。

しかし、その部分がなくなってしまえば、彼らも愚《おろ》かではありませんので、「共産党など、もう要《い》らない」ということになるのではありませんか。

習近平守護霊　別に、「儲かってるから、共産主義がずっと続いてる」ってわけじゃないよ。ちゃんと軍隊が押《お》さえてるから、共産党が続いてるんだ。

立木　いや、軍隊のなかにも不平不満が出てきて、「こんな間違った政治はよくない」と、共産党に対して刃《やいば》を向ける可能性もあります。

習近平守護霊　大丈夫だよ。文明実験は、すでに北朝鮮《きたちょうせん》でやってるんだ。「軍隊にだけ食糧《しょくりょう》をしっかりやっておけば押さえられる」ってことは分かってるんだからね。

9 矛盾《むじゅん》が露呈《ろてい》する中国国内の実態

習近平一族の「海外資産隠《かく》し」の噂《うわさ》は本当か

酒井　ただ、最近は、数々の新たな事実が発覚しています。あなたの弟さん（習遠平《しゅうえんぺい》氏）も、オーストラリアの永住権を持っていますよね。そして、海外にお金を持ち出していっていますよね。

習近平守護霊　オーストラリアを取りに行ってるんだよ。

酒井　オーストラリアを取りに行くとともに、一族の資産を逃《に》がしていますね。

立木　そうですね。かなりの資産をお持ちのようです。

酒井　今後、そういう情報がどんどん出てくるのではありませんか。

習近平守護霊　オーストラリア？　うーん。いやあ、国ごと全部取るから構わないのよ。

酒井　共産党の高官は、オーストラリアやカナダなどに、資金や人を逃がしているようですが、トップのほうの人だけがそういうことをしていると、人民の不満も溜《た》まりませんか。

習近平守護霊　いやあ、まあねえ、いろんな国に逃げてる者もいるけど、それはさあ、何か政争があると、資産を没収《ぼっしゅう》されることがあるから、やっぱり逃走《とうそう》資金は用意しておかないとな。

酒井　あなたも、リスクヘッジをしている？

習近平守護霊　ええ？　君ねえ、なんで、そんなことで君に脅《おど》されなきゃいけないわけよ。

綾織　「習近平一族の総資産は四百二十億円規模」というような報道もありますね。

習近平守護霊　ほう。ずいぶん低く見積もってくれたね。

綾織　ああ、そうですか。失礼しました。

酒井　しかし、資産を隠《かく》していることは事実であるわけですね。

立木　それは、共産主義に反するのではありませんか。そういう状態では、やはり、民衆も怒《おこ》りますよね。

習近平守護霊　やっぱり、党のエリートは、ちょっと別格だからね。これは、君たちにとっての、神様や天使に当たる存在だからさあ。

酒井　「別格だ」と言うのですね。

中国富裕《ふゆう》層の逃《に》げ場・カナダに核攻撃《かくこうげき》の脅《おど》しをかける

酒井　ところで、前回の霊言《れいげん》（『世界皇帝《こうてい》をめざす男』参照）で、「インドネシアはすでに落とした。次は、オーストラリアを落とすつもりだ」という言葉が気になったのですが。

習近平守護霊　まあ、オーストラリアなんか、ちいこいからな。土地と鉄鉱石のほかには、ほとんど何も取るものがないのでね。

酒井　では、多くの中国人を移民させて、資源を取るつもりですか。

習近平守護霊　いや、今、狙《ねら》ってるのは、アラスカからカナダあたりだ。

酒井　アラスカやカナダのほうを重要視しているのですか。

習近平守護霊　うん。カナダにも逃《に》げてるんだよ、かなりな。

酒井　はい。あそこにも多いようですね。

習近平守護霊　中国の富裕《ふゆう》層が、カナダに資金を逃がして、自分らも逃げ場をつくってるんだよ。カナダのマンションを買って、いざというとき、いつでも逃げ出せるように、あっちに足場を置いてやっとるから、あれを没収しないといけない。やっぱり、カナダを取らなきゃいけないいな。

酒井　なるほど。

習近平守護霊　うん、うん。アメリカは、「核《かく》兵器をぶち込《こ》むぞ」と言ったら、「うちだって、対抗《たいこう》手段はあるんだ」って言うかもしれん。しかし、「カナダに核兵器を撃《う》ち込むぞ」と言ったら、カナダはどうするんだね?

酒井　そんなことをすれば、あなたがたの資産もなくなります。

習近平守護霊　ええ？　いや、カナダは降伏《こうふく》するだろう？

酒井　うーん。

習近平守護霊　カナダは降伏する。

酒井　そうでしょうか。

習近平守護霊　これで全部取れるわけよ。支配下に置けるわな。うん。

酒井　そういう戦略なんですね。

習近平守護霊　うん。全世界制覇《せいは》は、もう、二十年以内に終わるから。「社会管理の新しい方法」とは刑務所《けいむしょ》に送り込《こ》むこと

立木　最近、北京《ペキン》でも大洪水《だいこうずい》があり、大勢の方が亡《な》くなられました。これを見た民衆からは、「やはり、今の政治は間違《まちが》っているのではないか。これは、革命が起こる前兆ではないか」という声も上がっています。

習近平守護霊　そんな原始的なことを言うんじゃないよ。

立木　いや、これは、やはり、中国の伝統的な考え方ですので。

習近平守護霊　あんたなあ、台風が来て、水が溢《あふ》れたぐらいでね、「東風《とうふう》41号」（大

陸間弾道《だんどう》ミサイル）と戦えると思ってるわけ？　ほんとに。バカじゃないか。

立木　いやいや（苦笑）。

習近平守護霊　あなた、元寇《げんこう》の勉強をしすぎだよ。そんなもの、時代が違うんだからさ。

立木　いや、「民意が離《はな》れる」ということを言っているわけです。

習近平守護霊　離れるわけないでしょ？　行くところがないんだから、中国人民には（笑）。

綾織　今年の二月の時点で、あなたは、共産党の幹部に対し、「暴動や民主化の動きに対しては、〝社会管理の新しい方法〟で対処しなさい」と話したそうですが、これは、やはり、「鎮圧《ちんあつ》すること」を指しているのでしょうか。

習近平守護霊　うーん、まあ、君らの言語能力がどのくらいか、私には分かんないからさあ。何を言ってるか、よくは分かんないんだけど、中国は、もうちょっと感性的な言葉も、よく使うんだよ。分からないことは、あるかもしれないからね。

例えば、「平和を求める」っていうことは、「侵略《しんりゃく》する」というふうに理解しなければいけない。「鎮圧する」ってことは、「虐殺《ぎゃくさつ》せよ」という意味にも近い言葉であったりもする。

綾織　あなたは、そういう意味で使われているわけですね。

習近平守護霊　うん。

綾織　「社会管理の新しい方法」とは？

習近平守護霊　社会管理っていうのは、それは、「刑務所《けいむしょ》に送り込《こ》め」っていうことだよな。うん。

綾織　（苦笑）刑務所に送り込む？　そうですか。

習近平守護霊　そういう意味ですね。

「戦争で中国人が一億人死んでも構わない」と嘯《うそぶ》く習近平守護霊

綾織　そうしますと、やはり、「中国国民は、非常に不幸な時代を迎《むか》えてしまう」ということなんですね。

習近平守護霊　それはしかたないよ。もう十三億人から十四億人になろうとしていて、余っとるんだからさ。それは、多少、淘汰《とうた》されてもしかたないでしょう。だから、戦争がいちばん効率がいいのよ。戦争をやって、「一億人ぐらい死んでも構わない」っていう姿勢でやれば、どこの国だって腰《こし》が砕《くだ》けてしまうからな。今、「一億人死んでも構わずに戦う」っていう国と、戦争をやりたいところはないわ。

綾織　ただ、そういう状態になれば、国際社会的にも、中国に介入《かいにゅう》していかざるをえないことになると思います。

習近平守護霊　中国には、基本的に失業はないんだ。失業してるのを、みんな、軍人に変えてしまうからな。全員、軍隊として、占領《せんりょう》先に送り込めばいいわけだ。そこで、「物資なり、金なり、適当に集めてくるように」と言えば、それで済む。

先に、日本軍がいい手本を残してくれたから、それを、ちゃんとまねすればいいだけのことだ。

今度は、日本人も従軍《じゅうぐん》慰安婦《いあんふ》に採用してやるから、日本の女性にも、ちゃんと告知しときなさい。

綾織　いえいえ、結構です。

習近平守護霊　「容姿《ようし》を端麗《たんれい》にしとくように」とな。中国人は好みがうるさいから。

綾織　いえいえ、それは……。

習近平守護霊　日本の女性は、ちょっと、足が短くて、顔が不細工《ぶさいく》だからね。あれでは、もうひとつ商売が成り立たんから、ヨガ教室にでも気功教室にでも通って、ちゃんと容姿を磨《みが》いとくように言っときなさいね。

10　中国における「権力闘争《とうそう》」の見通し

今後、胡錦濤《こきんとう》氏や温家宝《おんかほう》氏の立場はどうなるか

酒井　話は変わるのですが、権力闘争《とうそう》の件についてお伺《うかが》いします。次の党大会のあと、胡錦濤《こきんとう》氏の立場は、江沢民《こうたくみん》氏の立場と、どのように変わるのでしょうか。

習近平守護霊　まあ、二年以内には死んでもらおうと思ってますけど。

酒井　そういうことですか。

習近平守護霊　二年以内には、病気をして死んでもらおうと思ってる。

酒井　亡《な》くなられる?

習近平守護霊　ああ。病気をするんじゃないでしょうかね。

酒井　温家宝《おんかほう》氏はどうなるのでしょうか。

習近平守護霊　温家宝は、ほとんど何も用のない人間ですよ。こういうのは、ただのクズですのでね。

李克強《りこくきょう》氏は習近平氏に生命線を握《にぎ》られている?

酒井　李克強《りこくきょう》氏とは、まだ、ともにパートナーとしてやっていけるんですね。

習近平守護霊　ああ、そのへんは、ちょっと秘密だけどな。

酒井　〝踏《ふ》み絵〟を踏ませるのですか。

習近平守護霊　まあ、秘密だけども、ハードなネゴシエーション（交渉《こうしょう》）は李克強にやらせる。私のほうは、「まあまあ、なあなあ」と言って、どちらでもないような感じで、なるべくアバウトに見せながら吸い込《こ》んでいって、落としどころに持っていきたいなと思ってる。

酒井　なるほど。

習近平守護霊　李克強はハードな交渉にぶつける。私がだいたい五十を目指すなら、李克強には、最初から百をぶつけさせて、ハードネゴシエーションをさせ、話がこじれたところを、私が出ていき、アバウトに、「まあまあまあまあ」と言って、最初の目標を押《お》さえ、向こうに恩義を施《ほどこ》してやる。そういうかたちで収めるってことだな。

酒井　なるほど。「いちおうライバルだったが、忠誠は尽《つ》くす」と見ているわけですね。

習近平守護霊　まあ、彼の生命線は、だいたい握《にぎ》ったと思っているのでな。

酒井　それは、いかにして？

習近平守護霊　そんなこと、明かせんわ。明かせんけども、彼は、私の手のひらから逃《のが》れられない。

酒井　逃れられない？

習近平守護霊　だってねえ、胡錦濤は李克強を後継者《こうけいしゃ》にしたかったのに、私が主席になるっていうことが、どれほど難しいことか。これは分かるだろう？　「現主席が後継者を指名できない」ようにさせることの難しさって、分かる？

今、地上に「フビライ・ハン」が生まれ変わっているのか

立木　ただ、あなたのあとの第六世代のリーダーには、いわゆる「団派《だんぱ》」、共産主義青年団の人たちがかなり多いのですが、将来的な部分にも、何か布石《ふせき》を打たれているのでしょうか。

習近平守護霊　うーん。「太子党《たいしとう》」（共産党幹部子弟《してい》）はだいぶいるからね。日本と

一緒《いっしょ》だ。日本にも、二世議員、三世議員がたくさんいるけど、今、中国も、そういう第二・第三のプリンスたちの世代に入っていこうとしているんでな。

だから、そういう意味での人材には事欠《か》かないだろうな。

酒井　以前、チャーチル氏の霊《れい》が、「（中国に）ヒトラーがいると思ってください。習近平の次ぐらいに出てくる人です」と語っていたのですが（『民主党亡国論《ぼうこく》』〔幸福の科学出版刊〕参照）、それは、その人が「世界帝国《ていこく》を狙《ねら》っていく」ということでしょうか。

習近平守護霊　ああ、それは、フビライ・ハン（モンゴル帝国第五代皇帝。いわゆる「元寇《げんこう》」を起こした）がどこかにいるんだろうなあ。

酒井　今、地上に生まれているのですか？

習近平守護霊　いるんだろうねえ。それは、そういうことだろうねえ。

酒井　ああ。

習近平守護霊　だから、日本をほんとに攻《せ》めるのは、そいつかもしれんなあ。

酒井　あなたが攻めるわけではない？

習近平守護霊　私は優《やさ》しいからなあ。それは分かんないなあ。

酒井　あなたではないのですね？

習近平守護霊　私かもしれないけどな。いや、そちら（幸福実現党）があっさり降りたら、私の代でやれるかもしれないけども。

11　習近平氏の「霊的《れいてき》本体」とは

神には「慈善《じぜん》の顔」と「殺戮《さつりく》の顔」という二つの側面がある

綾織　ところで、あなたが、普段《ふだん》、霊界《れいかい》で話している霊は、どのような存在ですか。

習近平守護霊　「普段、話している霊」って、君、妙《みょう》なことを言うなあ。「普段、話している」って、どういうことだ？

綾織　以前、大川隆法総裁は、「習近平氏には、殺戮《さつりく》が好きな戦争系の悪魔《あくま》が憑《つ》いているのではないか」という話もされているのですが（『週刊文春《しゅうかんぶんしゅん》』とベルゼベフの熱すぎる関係』〔幸福の科学出版刊〕参照）。

習近平守護霊　〝戦争系の悪魔〟って、意味が分からない。殺戮以外に、何の仕事があるっていうの？

綾織　つまり、あなた自身がそうなんですね。

習近平守護霊　ええ？

酒井　あなたは、霊界で地下帝国《ていこく》をつくっている？

習近平守護霊　だから、それは神の二つの側面の一つじゃないの。何を言ってるのよ。神は、一つは「慈善《じぜん》の顔」をして、もう一つは「殺戮の顔」をしてるんだよ。

酒井　うーん。なるほど。

習近平守護霊　うん。

李克強《りこくきょう》氏は唯物論《ゆいぶつろん》思想のなかで育てられた〝マシーン〟

酒井　あなたは、以前の霊言《れいげん》（『世界皇帝をめざす男』参照）で、「地上にはあまり生まれていない」とおっしゃっていましたが、霊界にいる時間はかなり長いのでしょうか。

習近平守護霊　うーん。私はナンバーワンだからねえ。

酒井　ナンバーワン？　李克強《りこくきょう》氏の守護霊は、霊をまったく信じていなかったのですが、あなたは、霊をお認めになっていますね。

習近平守護霊　私は神だからな。神だから、霊は信じてるよ。

酒井　李克強氏というのは、いったい何者なのでしょうか。

習近平守護霊　〝マシーン〟だよ。

酒井　マシーン？

習近平守護霊　うん、マシーンだよ。唯物論《ゆいぶつろん》の思想のなかで育てられたマシーンだ。

酒井　マシーンですか。

習近平守護霊　うん。

酒井　過去世《かこぜ》でも、あなたと縁《えん》があったのでしょうか。

習近平守護霊　うーん？　知らん。どこの馬の骨か知らねえけどさ。

酒井　あなたにとっては、大した者ではない？

習近平守護霊　どうせ、あのタイプは、科挙《かきょ》みたいなものを受けて、「何番で受かった」とか言うて自慢《じまん》するタイプの人間だろうよ。そんなのは、過去二千年間、いくらでもいたからね。どうせそんな人間さ。

酒井　なるほど。

習近平氏の魂《たましい》の本体は「赤龍《せきりゅう》（レッドドラゴン）」

綾織　あなたの魂《たましい》のルーツについてはいかがでしょうか。「宇宙人の魂」と言っても分からないかもしれませんが、あなたの魂は宇宙にルーツがおありですか。

習近平守護霊　わしか？

綾織　はい。大川隆法総裁のリーディングにより、レプタリアン（爬《は》虫類《ちゅうるい》型宇宙人）など、宇宙出身の魂の存在が明らかになっているのですが。

習近平守護霊　ああ、君らの映画のこと（二〇一二年十月公開映画「神秘の法」）を言ってるのか。「映画の宣伝をしろ」って言ってるの？　じゃあ、協力してやろうか。

酒井　中国には宇宙人基地もありますよね（『中国「秘密軍事基地」の遠隔透視《えんかくとうし》』参照）。

習近平守護霊　いや、「赤龍《せきりゅう》」っていう赤い龍がおるんだな。それがわしの本体だ。これで満足したか。あん？

酒井　いやいや。中国の宇宙人基地には、非常にグロテスクな宇宙人（へび座の宇宙人）がいましたよね？

習近平守護霊　知らんな。何だ、それ？

酒井　ご存じないのですか。あなたにそういう情報は入っていませんか。

習近平守護霊　ああ、何だったかなあ。

立木　人民解放軍が、宇宙人から技術提供を受け、さまざまな兵器を開発していることなどは知りませんか。

習近平守護霊　だから、わし自身は、「レッドドラゴンだ」って言うてるじゃないの。龍神《りゅうじん》型宇宙人だ。

立木　いや、霊的にというよりも、「この世的に、宇宙人と交流しているかどうか」という部分についてなのですが。

習近平守護霊　わしは、地球を支配できるときだけ、人間になって生まれてきとるんだよ。

綾織　あなた自身の魂は、天国にいる状態なのでしょうか。それとも、普段は地獄《じごく》の世界にいるのでしょうか。

習近平守護霊　いやあ、もう、地球で、自由自在に国をつくったり滅《ほろ》ぼしたりしても許されてるから、わしは神様だと思うよ。

綾織　うーん。

酒井　なるほど。分かりました。

習近平守護霊　だから、イスラエルみたいな小国の戦神《いくさがみ》であるミカエルなんちゅう者より、わしのほうが百倍ぐらい強いと思うな、たぶん。

12 「幸福の科学」について、どう考えているか

チャイナマフィアによる「大川隆法の暗殺」をほのめかす

綾織　最後に、この二年間に、幸福の科学についての情報が入っているかと思うのですが、幸福の科学に対しては、どのようなお考えで臨《のぞ》もうとされていますか。

習近平守護霊　大川隆法を暗殺すりゃ、それで終わるんだろ？　それだけだよ。

綾織　それをすでに計画しているのですか。

習近平守護霊　簡単じゃないか。

綾織　それを実行しようとしている……。

立木　今年（二〇一二年）のはじめに、北京《ペキン》にあった幸福の科学出版の事務所が捜《そう》索《さく》されましたが、あちらについても動いたのでしょうか。

習近平守護霊　そんな小さいこと、私には分からんわ。

立木　その後、「孫文の霊言」（『孫文のスピリチュアル・メッセージ』〔幸福の科学出版刊〕参照）とかも出てますけども。

習近平守護霊　こちらは、暗殺団ぐらい、いくらでも持ってるからね。中華《ちゅうか》系のマフィアっていうのは、世界中で活躍《かつやく》してるんだ。彼らは、お金だけでやってくれて、あとが残らんので、ほんとに簡単だな。

だが、「君（立木）が暗殺される」なんてシナリオを書いたって、もうちょっとあとになるよ。君なんかやっても、ほとんど影響力《えいきょうりょく》がないからな。まあ、大臣にでもなったら、考えてやるよ。今んところ、ほとんど無力だから、もうほとんど、ノーカウントなんだな。

綾織　もし、そういうことをするのであれば、こちらとしても、あらゆる手で対抗《たいこう》していくことになると思います。

習近平守護霊　あらゆる〝素手《すで》〟でね。まあ、頑張《がんば》れよ、素手でな。

綾織　いえいえ、素手だけではありません。

習近平守護霊　チャイナマフィアの怖《こわ》さを知らんな？　日本の暴力団なんて、もう、勝ち目がないんだからな。ええ？

立木　でも、宗教も怖いですよ。やはり、中国で起きている革命では、宗教の力が大きいですから。

習近平守護霊　右翼《うよく》に守ってもらうかい？

立木　いやいや。

習近平守護霊　日本の右翼は弱いよ。全然、弱い。警察に抑《おさ》えられてるじゃないか。

酒井　「元《げん》」も宗教によって滅亡《めつぼう》しました。最後は、あのようになりますよ。

立木　宗教をなめてはいけないということです。香港《ホンコン》の「反中国運動」を先導している幸福の科学の思想

習近平守護霊　一つ、ちょっと気にかかるのは、香港《ホンコン》だな。

酒井　中国の言うことをききませんか。

習近平守護霊　この前、（尖閣《せんかく》問題の）抗議船を香港から出したんだけど……。その香港が、今、ちょっとなあ、うーん。不穏《ふおん》な動きが……。

酒井　そのようですねえ。

習近平守護霊　うーん。香港が中国流の思想教育にものすごく反発し始めたのも、君らの力が入ってるのは確かなようではあるな。うーん。

綾織　あの影響は、中国本土にも広がっていくと思います。

酒井　ああいうやり方は、いちばん嫌《いや》ですか。

習近平守護霊　うーん。でも、中国人は文字が読めん（笑）。本が読めない。だから、広がらないんだよ。本を読める階級ってのは、ごく一部だから、（書籍《しょせき》による思想の普及《ふきゅう》は）無理なんでね。

それよりも、アニメとかを流行《はや》らされると、ちょっと困るんだよな。あれは、見たら分かるからさ。

立木　では、さっそく、アニメを用意します。

習近平守護霊　文盲《もんもう》が多いから、ほとんどの人は文字が読めない。本をいくら出したって読めないからな。

一部には読める人もいるけど、みんな、本を隠《かく》さなきゃいけないので、そんなに表立った活動はできない。だから、大したことないとは思うけどね。

「日本の戦前」と同じだと思ったらいいよ。ほとんど一緒《いっしょ》だよ。今の中国は、日本の戦前と同じなんだからさ。

酒井　はい、分かりました。本日は、本当にありがとうございました。

大川隆法に対抗心《たいこうしん》を燃やす習近平守護霊

習近平守護霊　君ら、いったい、何のために出てきたわけ？

立木　習近平氏のお考えを伺《うかが》って、次の対策を立てようとしています。

習近平守護霊　どうだい？　話を伺って、何か偉大《いだい》な啓発《けいはつ》を受けたか？

酒井　いや、もう、〝偉大な方〟だということは、十分に分かりました。

習近平守護霊　ああ？　おたくの天皇より偉いの、分かっただろうが。うん？

酒井　いや、そういうわけではないのですが……。

習近平守護霊　日本の天皇なんか、まったく無力だ。わしは世界帝国《ていこく》をつくる男だ。

酒井　要するに、「考えが大きい」ということを理解させていただきました。

習近平守護霊　だからねえ、大川隆法は偽物《にせもん》だ。「地球神《ちきゅうしん》」だなんて、嘘《うそ》を言うんじゃないよ。地球神は、わしだ。

酒井　いやいや、あなたよりも、もっと大きい存在です。あなたは地上のことしか考えていませんので。

習近平守護霊　「地球を支配できる男」こそが地球神だ。大川隆法は支配できない。

酒井　いやいや。

習近平守護霊　口先男だ。大阪《おおさか》の橋下《はしもと》と変わらん。口だけだ。

酒井　いいえ。地上と霊界《れいかい》、すべての世界を統治します。

習近平守護霊　あんなもん、口だけでは駄目《だめ》なの。わしには、実行力があるからさあ。

立木　いや、思想によって統治するのです。

習近平守護霊　実行だ。

酒井　分かりました。本当に参考になりました。ありがとうございました。

立木・綾織　ありがとうございました。

大川隆法　はい。

13 「思想戦」で中国を包囲していきたい

完全に権力を掌握《しょうあく》し、裏から糸を引いている習近平氏

大川隆法　前回より強気ですね。

酒井　かなり強気です。

大川隆法　いよいよ、権力を取りましたか。

酒井　完全に取りましたね。

大川隆法　二年前には、「受験生のようなものだ」と言っていましたね。

酒井　「受験生なので、本音は言わない」と……。

大川隆法　「あと二年間は、何をされるか、分からない」というようなことを言っていたと思います。

酒井　はい。「自重の身」と言っていました。

大川隆法　もう完全に権力を掌握《しょうあく》したようですね。

酒井　はい。

大川隆法　表舞台《おもてぶたい》から消えていた理由については、「所信表明演説の原稿《げんこう》をつくらなくてはいけなかった」とか、「ヒラリーおばさんに会いたくなかった」とか言っていました。

酒井　仕事に関しては、もう、ほとんど自由なようです。

大川隆法　そのようですね。
しかも、肝心《かんじん》なことは温家宝《おんかほう》氏あたりに言わせて、自分では何も言わず、何も責任を取っていません。反日運動についても、彼には何も嫌疑《けんぎ》がかからないようになっています。次の支配者だから、「自分を無傷《むきず》にしておきたい」ということでしょう。

彼が「自分は何もしていない」と言えるような状況《じょうきょう》で、反日運動、反米運動がたくさん起きているわけですが、そういう意味では、「裏から糸を引ける男だ」ということでしょう。表立ってはやらないんですね。

習近平氏の正体や本心を知らせて、日本の対応を間に合わせたい

大川隆法　収録したのは彼の守護霊の霊言《れいげん》ですが、「本人の本音」をかなり引きずり出しているので、防衛省や自衛隊、マスコミのみなさんが、もし、これを読んで腹が立ったら、対策を考えていただきたいと思います。

そして、心あらば、幸福実現党についても、報道してくれたり、応援《おうえん》してくれたりするといいですね。

「中国の覇権《はけん》主義に対して、まったく無防備な人や無計画な人を、いくら応援しても、日本は守れない。そんな人のところに、いくら票を集めても、意味はないのだ」ということを、知っておいていただきたいと思います。

中国から日本を守ってくれる人のところに票を集めなくてはいけません。

マスコミも、「愛国無罪」ではありませんが、「愛国報道は無罪」ということで、左翼《さよく》的な社是《しゃぜ》を破り、幸福実現党について報道してもらいたいものです。

酒井　そうですね。国防が、未来に向けての最高の社会保障だと思います。

大川隆法　中国は「愛国無罪」で、日本は「愛国有罪」では、たまったものではありません。

酒井　はい。

大川隆法　習近平氏は、すでにアメリカを呑《の》んでかかっています。アメリカの現大統領や大統領候補が小人物に見えるのでしょう。「オバマは尻尾《しっぽ》を巻いて逃《に》げていく」と思っているようですし、ロムニー氏については、「あんなの、バカだ」と思っているようです。完全に呑んでかかっていますね。

だから、アメリカが持っていったものを、次々と取り上げていくつもりでいるようです。

意外にも、「アラスカからカナダのほうを取りに入る」と言っていましたが、あちらに関してであれば、アメリカは本気では戦えないでしょうね。アメリカ人が何千万人も死ぬことを覚悟《かくご》して戦うことは、できないかもしれません。アラスカは、よそから割譲《かつじょう》してもらったものですし、カナダは友好国でしょうが、カナダの人のためにアメリカに大陸間弾道弾《だんどうだん》を落とされたくはないでしょう。

酒井　そうでしょうね。

大川隆法　いやあ、この人は、なかなか策士ですね。かなりの策士ですが、思ったより動きは早いかもしれません。「相手が考えるより早く動く」という手を使うようです。

幸福の科学も動きは早いですけどね。日本の動きは遅《おそ》いですが、当会は、早く予言することで、日本の対応を間に合わせようとしているわけです。

今、日本人は、中国の漁船団が尖閣《せんかく》諸島に来るので怯《おび》えていますが、「坂本龍馬《さかもとりょうま》の霊言」を聴《き》き、漁船が何百隻《せき》も来ることを予想した人はいましたからね。

習近平は、「国家主席に就任したら、日本人からも、お祝いをしてもらえるだろう」と思っているかもしれませんが、彼が国家主席に就任するころには、彼の守護霊の霊言が本になって出ていて、「日本人は、みな、彼の正体や本心を知っている」という状態になっているでしょう。

もっとも、本書が中国語に翻訳《ほんやく》されるまでは、それが彼には分からないかもしれませんが、「就任前から攻撃《こうげき》を受ける」というのは珍《めずら》しいことでしょう。

そして、本書の内容を知れば、日本のマスコミも、さすがに少しは彼に対して用心してくれるかもしれません。そうなるといいですね。

防衛省系は、当会が発信している情報を、そうとう収集していると思われます。

「未来は、わが言葉の上に築かれる」

大川隆法　まあ、怖《こわ》い時代です。「二〇一〇年から二〇二〇年が勝負」と私は言ってきていましたが、本当にそうなりそうですね。

酒井　はい。

大川隆法　このあたりで勝負がつきそうです。あと八年ぐらいですか。

酒井　そうですね。

大川隆法　二〇二〇年までに、だいたい勝負がつきそうですね。次のアメリカ大統領の任期は、新任の場合、最大で八年ですが、おそらく、この八年間で、だいたい勝負がつくでしょう。

あと、問題は、「日本がどうなるか」ということです。

もっとも、アメリカも本当に人材不足ですね。大統領候補として出せる人が、もういなくなっていますから。

ただ、当会は、中国に対しては香港《ホンコン》から攻《せ》め始めましたし、台湾《たいわん》にも、すでに真理の種を撒《ま》いてあります。また、韓国《かんこく》やインド、オーストラリアその他での活動も、ジワジワ、ジワジワジワと浸透《しんとう》していっています。

中国政府は報道管制を敷《し》いていますが、ミニコミ的なものでは、今、いろいろな情報が流れてはいるので、中国は、意外に、そちらのほうから崩《くず》されてくるのではないでしょうか。
象は、大きな動物に対しては強いのですが、蟻《あり》には弱いところがあるので、口コミや、インターネットの三十秒以内の通信など、そういう小さな情報で崩されていくかもしれません。

酒井　そうですね。

大川隆法　私たちは、国を守るために、すでに戦いを行《おこな》っています。日本の国が「愛国有罪」と思い続けるなら、国が滅《ほろ》びるのもしかたがないと思いますが、私は日本を「守るべき国だ」と思うので、その方向で活動させていただきたいと思います。
私は、思想的には、発信すべきものを、すでに、かなり発信しているので、あと、必要なのは、「幸福の科学の組織が大きくなり、動いていくこと」と、「世界各地で、どこからでも、攻撃ができる態勢をつくっていくこと」です。

思想的な種は撒いてあるので、たとえ、どの都市が攻撃されても、ほかのところから、また火の手が上がっていくようになることを祈《いの》りたいと思います。

習近平氏の守護霊は「大川隆法を暗殺したら終わりだろう」と言っていました。以前、日本のマスコミやオウム教などが考えたことも、そういうことです。

しかし、思想が遺《のこ》れば、その思想が戦います。二千年間や三千年間は戦える思想は、すでに出してあります。思想は消えないでしょう。「言葉が遺れば、言葉が戦う」と思います。

「未来は、わが言葉の上に築かれる」と私は何度も言ってあるので、私の言葉を頼《たよ》りにして未来をつくればいいようになっているのです。

彼らとは戦い方が違《ちが》いますが、「思想戦で包囲されている」ということを、彼らは、まだ十分に分かってはいないのではないでしょうか。これから、思想戦で、ますます包囲をしていきたいと思います。

中国の反日デモのデモ隊が掲《かか》げたプラカードのなかにも、「民主」や「自由」という言葉が入っているものがかなりあります。

彼らは、デモをうまく使い、制御《せいぎょ》しているつもりでしょうが、「それが、いつ本当に政府を倒《たお》す運動に変わるか、彼らには分からないだろう」と私は思います。

二〇二〇年までに、中国の共産党一党独裁の軍事政権を倒《たお》す

大川隆法　パナソニックやホンダの工場を焼き討《う》ちしても、「おとがめなし」という状態であれば、中国には、もはや文明国として相手にされなくなる未来が待っているでしょう。「中国は世界第一等の国になったか」と人々が思った瞬間《しゅんかん》に、実は野蛮《やばん》国であることを証明してしまったわけであり、「それで世界各国が中国から手を引き始めたら、どうなるか」ということを知るとよいのです。

毛沢東《もうたくとう》時代の農業国家に戻《もど》り、核《かく》兵器だけを一生懸命《いっしょうけんめい》につくる時代がやってくる

のかもしれませんが、核兵器は、相手を滅ぼすことはできても、富をつくることはできないでしょう。

中国は、戦略的なことを、そうとう打ち出してきているので、私たちは頑張《がんば》るしかありません。

あと八年ぐらいで、決着がつくというか、だいたいの判定は出るでしょう。どちらが判定勝ちを収めるか、結果が出ると思います。

私は、「二〇二〇年までに、中国の共産党一党独裁の軍事政権を倒《たお》す」ということを目標にして活動していますが、向こうは、「日本を取る」ということを目標にしています。どちらが勝つか、やってみるしかないのです。

幸福実現党にも、できるだけ頑張っていただきたいと思います。

立木　はい。頑張ります。

大川隆法　国防の危機によって有利になるのは、自民党の〝軍事オタク〟である石《いし》破《ば》さん（前自民党政調会長）だけであってはいけません。三年以上前から、国防に関する意見を言い続けている幸福実現党を、やはり、国民にもっと知っていただく努力が要《い》ると思います。

では、以上としましょう。

質問者一同　ありがとうございました。

あとがき

習近平氏にとっては、日本政府を料理するのは、前庭の鶏《にわとり》の首をしめるぐらいの作業らしい。太平洋地域はおろか、カナダ、アメリカ本土まで屈服させる本心が露骨に出てきた。まさしく「世界皇帝をめざす男」である。しかし、日本政府にも、マスコミにも、財界にも十分な情報はないであろう。

日本のマスコミが私たちを無視している間にも、中国政府は、「幸福の科学」「幸福実現党」「大川隆法」を次なる潜在的脅威としてマークしている。今年前半には、「幸福の科学出版」の北京事務所も、中国公安の圧力をうけて撤収している。

私は一人の予言者として警告する。近日公開の映画『神秘の法』（大川隆法製作総指揮）のようにならないように目を覚ましていなさいと。国難と戦う政治家が今こそ立つべき時である。

二〇一二年　九月二十日

国師《こくし》　大川隆法《おおかわりゅうほう》

『中国と習近平に未来はあるか』大川隆法著作関連書籍

『世界皇帝をめざす男』（幸福実現党刊）
『坂本龍馬 天下を斬る！』（同右）
『李克強 次期中国首相 本心インタビュー』（同右）
『ロシア・プーチン新大統領と帝国の未来』（同右）
『日本武尊の国防原論』（同右）
『中国「秘密軍事基地」の遠隔透視』（幸福の科学出版刊）
『孫文のスピリチュアル・メッセージ』（同右）
『民主党亡国論』（同右）

中国《ちゅうごく》と習近平《しゅうきんぺい》に未来《みらい》はあるか
――反日デモの謎を解く――

2012年9月27日　初版第1刷

著　者　大《おお》川《かわ》隆《りゅう》法《ほう》

発　行　幸福実現党
〒107-0052 東京都港区赤坂2丁目10番8号
TEL(03)6441-0754

発　売　幸福の科学出版株式会社
〒107-0052 東京都港区赤坂2丁目10番14号
TEL(03)5573-7700
http://www.irhpress.co.jp/

印刷・製本　株式会社 東京研文社

落丁・乱丁本はおとりかえいたします

ISBN978-4-86395-251-5 C0031
Photo: ロイター／アフロ、EPA＝時事

大川隆法ベストセラーズ・アジア情勢の行方を探る

李克強 次期中国首相 本心インタビュー

世界征服戦略の真実

「尖閣問題の真相」から、日本に向けられた「核ミサイルの実態」、アメリカを孤立させる「世界戦略」まで。日本に対抗策はあるのか!?

【幸福実現党刊】

1,400円

中国「秘密軍事基地」の遠隔透視

中国人民解放軍の最高機密に迫る

人類最高の霊能力が未知の世界の実態を透視する第二弾! アメリカ政府も把握できていない中国軍のトップ・シークレットに迫る。

1,500円

世界皇帝をめざす男

習近平の本心に迫る

中国の次期国家主席・習近平氏の守護霊が語る「大中華帝国」が目指す版図とは? 恐るべき同氏の過去世とは?

【幸福実現党刊】

1,300円

※表示価格は本体価格(税別)です。